2017.5.24

1冊20分、
読まずに
「わかる！」
すごい
読書術

渡邊康弘
Yasuhiro Watanabe

サンマーク出版

本書の取扱い説明書

本書の読み方は、あなたが普段読んでいるように、最初の1ページ目の1行目から最終ページの最後の文字まで一字一句読む方法でもかまいません。もちろん、斜め読みや、いままでに習った速読法で読んでいただいてもいいでしょう。

でも、つぎを試してみると、**あなたの読書が劇的に変わります。**

本書があなたにとって必要かどうか判断してみよう

3分コース

ゆったりと呼吸をしながら、本書をパラパラさせます。心の中で、「私に必要なページはどこ?」と問い、そしてランダムにページを開きます。開いたページを見て、興味が湧いたり必要なことが書かれていたりしたら、本書はきっとあなたにとって有益なものになるでしょう。

読む前にちょっと試してみよう！　読書スピードが一瞬にして高まるコツ

1．呼吸をゆったりとさせて読む

速読の共通点は呼吸にあります。5秒吐いて5秒吸うサイクルで呼吸をゆったりとさせな

がら読んでみましょう。(その理由は↓36ページ)

2. **文字が見えないレベルで素早く、本をパラパラさせて眺める**

文字は見えなくとも脳に入ってきます。(その理由は↓64ページ)

3. **読む目的を決める**

これだけで欲しい情報が効率よく引き寄せられていきます。(その理由は↓69ページ)

さっそく実践! レゾナンスリーディング

一度本書を読んだ後で、つぎのコースを行ってみることで、あなたの本書に対する理解度を深めることができます。

20分コース

20分あれば本書の要点をつかむことができます。2章で解説する「レゾナンスリーディング」の手順で、さっそく本書を読んでみましょう。

プラス30~60分コース

さらに後60分もあれば、レゾナンスリーディングを完全に理解することができます。読みたい本があれば、紙とペンを用意してさっそく実践しましょう。先ほどの20分コースの手順をもとに、紙に「レゾナンスマップ」を描き出しながら読書をしましょう。

本書で紹介する「レゾナンスリーディング」で人生を変えた人の声

■〝積読〟が激減

レゾナンスリーディングは、1冊20分くらいで全体がつかめ非常に有益です。1ページ目から最終ページまで読む習慣だった私にとって、まさにパラダイムシフト、画期的な役立つ方法となりました。いまでは、**1日で3冊ぐらい読めてしまい夢のようです。これで〝積読〟が激減しています。**

プロジェクトマネジメント・トレーニングインストラクター　小林正和さま

■敬遠していた本もスラスラ読めるようになる

最初のページから最後のページまでしっかり読まなくても、自分に必要なメッセージを本から得られることは目からうろこでした。**難しそうで敬遠していた本もスラスラ読めている自分に驚いています。**

大手流通会社勤務／メルマガ・ライター　下良果林さま

■驚くほどアイデアが湧き出る！

私はいま徳島でコワーキングスペースとフューチャーセンターを運営しています。

新しいイベントや商品企画のアイデア出しの悩みをもっていました。レゾナンスリーディングを使うと、**これまででは考えられないほど、新しい商品開発、サービス案、ビジネスモデル構築に必要なキーワードが本から湧き出ます。**結果、対話や会議が円滑に進むと同時に、実現可能なアイデアが驚くほど出てきています。

イノベーションセンター徳島 代表　観元眞人さま

■**洋書もわずか1時間で読める**

私にとってこの読書法は2つのメリットがありました。ひとつは、**2か月間かかっていた洋書がわずか1時間で読めるようになったこと。**もうひとつは、これまで利己的で、周りが見えていなかったのですが、この読書法にある著者の気持ちを考えるという実践で、実生活でも**人の気持ちを察することができ、以前よりも利他的に行動できるようになった**ことです。

―ITコンサルタント　奥田将史さま

■**本に引きずり込まれない、双方向の読み方**

レゾナンスリーディングは、私にとって本に「引きずり込まれない」読書法です。**著者と対等に、そのテーマについて考えることができます。**本を頭から読むと、著者の論理に流されます。読み手の私は説得させられたり反発したりしながらも、結局、いつでも著者の流れなのが疑問でした。この一方通行の読書を、双方向にしてくれるのがレゾナンスリーディングです。私はこれまで本を読むのに苦労したことは一度もありません。本との付き合いも普通の人よりも早い方です。だからこそ、この双方向性に驚きと感動を感じています。

心理学者　筒井順子さま

■すぐにアウトプットできる

金沢歴活という歴史の朝活を主宰しています。毎週、新しいテーマでお話をしていますが、レゾナンスリーディングのおかげで、毎週話をするための準備ができています。レゾナンスはただインプットするだけでなく、**すぐにアウトプットができる**のが魅力です。

金沢歴活主宰　安藤竜さま

■自分を成長させる読書法

「1冊の本がわずか数十分で読める」「1日に大量の読書ができる」などの**「時短効果」は、多くのメリットのひとつに過ぎない**ということがこの読書法を続けていると実感できます。実際自分の場合は、1冊20分で読むこともあれば、90分かけることもあります。**コントロールが自在に効く読書法**だと感じています。そういったこと以上に、読書を通じて得たことを自分事のストーリーとして理解できるようになることに魅力を感じます。**明日**

からの自分に少しの変化を与え成長の種を蒔《ま》きつづけられる読書法です。

一級建築士／「たまどく」主宰　川口孝男さま

■この読書法にハマり、5年以上も続けている

このレゾナンスリーディングは、本とのシンクロを体験できる1枚のマップからはじまります。著者へ問い、自分の波長に沿って本を読み、解を導き出す「瞬間」が醍醐《だいごみ》味です。身の回りにあったけど、**見えていなかったことに気づき、すべてがつながっていると思える体験が何度も起こります。**誰のためでもなく自分だけの解が著者からのギフト。得た言葉が強い支えとなり、行動しつづけられています。

学校教員　西脇美江子さま

■年間600冊読めるようになり、コンサルティングの質もアップ

私はこれまで20年近く、年間300冊以上の本を読んできましたが、レゾナンスリーディングをするようになってから、2倍の600冊に増えました。その他にも、**コンサルティングの質が高くなったり、コンテンツをつくるスピードが以前に比べて圧倒的に速くなったりしました。**

経営コンサルタント　新田晃さま

プロローグ

読書も英語も苦手な僕が、ビジネス洋書を年間500冊読めるようになった理由

◆読書が得意になったら、あなたの人生はどう変わる？

あなたは本を読むのが得意でしょうか？　それとも苦手でしょうか？

いわゆる読書は時間がかかります。

時間をかけたのに、内容を覚えていないこともあります。

でも、読書が得意になれたらどうでしょうか？

興味はあって買ったけれど、**“積読”になってしまっている本がなくなります。**

仕事上、読みたくないけど読まなくてはいけない、**上司からの課題本もラクラク読めて、あなたの評価が高まる**かもしれません。

さらに、読書で学んだ内容を実践でき、**日常にいかして人生が大きく変わる**かもしれません。

本書はそうしたあなたの想《おも》いに応える1冊です。

しかも、訓練不要でできます。

それが、本書でお話しする**「レゾナンスリーディング」という、1冊わずか20分でものにできる読書法**です。

これからは、マンガと同じような感覚で、どんどん本にのめり込み、あっという間に読み終わる時間を送れます。少し空いた時間に、スマホをいじるのではなくもっと生産的な知的活動ができます。

◆集中力は20分しかもたない

読書にかかる時間が「わずか20分」というのは、とても重要です。

僕が、海外で著名なベストセラー作家から聞いた話です。

その著者は、キンドルが出た際に、読者が自分の本のどういうところを読んでいるか、キンドル上で引いたハイライトを見るのを楽しみにしていたそうです（何人がここをハイライトしましたと表示されます）。

ところが、**最初の20ページぐらいでハイライトが終わっていた**のです。

読書が苦手な人が、1ページに1分間かかっているとすれば、読書が苦手な人は**読みはじめの20分ぐらいで挫折しています。**

一般的に、読書が得意な人は、200ページの本を約2時間で読み終わります。読書が得意な人ですら、映画と同じぐらい時間がかかっているんですね。

映画は、ただ座って観賞すればいい受動的なメディアです。しかし、読書は違います。自ら集中力をもって取り組まなければいけないものです。

読書が苦手な人が、読みはじめの20分で挫折するのは当然です。

この20分という時間は、じつに科学的。

なぜなら、**人間の集中力は20分しかもたない**からです。

その証拠に、こんなサービスが人気を集めています。

たとえば、YouTube。これがサービスを開始した当初は、動画時間10分以内のものしかアップできませんでした。

プレゼンテーションのイベントとして知られる、ＴＥＤのプレゼンテーション時間は、18分間です。

これらは、人間の集中力が20分しかもたないことに由来するからではないでしょうか。

20分しか集中力がもたないのに、本を読み終えるには膨大な時間がかかります。

だから、全部読み終えても、はじめの３ページも説明できないのはごく普通のことです。

だから、安心してください。もし、本を読んで覚えていなくても読書が苦手だと思わないでほしいのです。多くの人がそうなのですから。

◆あの、めんどうくさい訓練が不要！

レゾナンスリーディングは、非常に特殊です。従来の速読法や読書法とはまったく異なったアプローチをとっています。

特徴的なのが、「紙１枚を使う」こと。そのため、20分で読書が終わるのです。

この手法を行うことで、**すべてを読んでいなくても、「この本から充分学んだ」「本当に欲しい1%の情報を手に入れた」感覚になります。**

さらに、あなたの記憶に粘りつき、いつでも思い出して語ることができます。

この手法のよい点が、**めんどうくさい訓練は不要なこと**です。

これまでの速読法は、目玉をぐりぐりする眼球トレーニングが必要だったり、実感が湧かない速読トレーニングが必要だったりしました。

たしかに、それらを継続して何か月もトレーニングすれば有効です。

しかし、多くの人がそのトレーニングに嫌気と挫折を味わっています。挫折する訓練なんてないほうがいいのが正直なところ。最新の認知科学、脳科学を踏まえ、古典的な学習法を見れば、それらは必要ないこともわかっています。

僕の願いは、本書があなたの読書トラウマを解消し、あなたの最後の読書法の本になることです。

そして、あなたに、読書で人生を切り開いてもらいたいと思っています。

◆10歳から91歳まで実践し、人生を変えている

これまでレゾナンスリーディングを学んだ人には、劇的な変化が起きています。いままでの何倍も速く、たくさん読めるようになっています。

それだけにとどまらず、この新しい読書法によって、**これまでにやりたかったことや夢を実現している人もいます。**

そして、僕自身ビックリするのが、この手法は誰でもできることです。

実際に、**10歳の女の子が500ページぐらいあるビジネス書の大著を読みこなします。**彼女は本を20分で読み終えてこう語りました。

「私、この本を読んで、さっそく明日から学校のクラスで実践します。この本から、人の才能にはいろいろあることがわかりました。だから、いろんな個性を受け入れようと思います」

この子に限らず、何人もの学生がこういう状況になっています。

もちろん、大人であればもっと加速的に、読書ができるようになって、**人生を変えるアイデアに出合い、人生を変えられるのです。**

この読書法に年齢は関係ありません。10代であっても、20代、30代、40代、50代……**最高年齢では91歳の方だって、これまでにできている**のです。

読書によって、人生が変わります。

読書はあなたの人生を整理して、人生を変える大切な1％を明確にしてくれます。

◆まったく本が読めなかった僕が人生を変えたきっかけ

1冊わずか20分でものにできる読書法とお話しすると、

「そんなバカなことがあるはずがない」

「きっと、この著者は読書が得意で、速読ができていたからだ」

こんなふうに思われるかもしれません。たしかに、これまでの読書術や読書法の本は、読書がはじめから得意な人によって書かれています。

ですが、正直お恥ずかしい話、**僕は10年前まで本をまったく読めませんでした。**

何とかがんばって一生懸命に読んでも、1冊読み終わるのに2か月かかる状態でした。薄い本でも1か月、分厚い本なら半年から1年というのが普通でした。

読み終わるのが遅いだけでなく、小学校高学年のとき、夏目漱石の『吾輩は猫である』の読書感想文で、「主人公の猫に名前がある」と書いてしまったぐらい、読解力がありませんでした。先ほどの10歳の女の子とは大違いです。

これは、僕にとってはとても恥ずかしい〝事件〟でした。この事件以来、僕には読書に対するトラウマがずっとありました。

マンガだと、1冊10分から30分ぐらいで読めるのに、なぜか通常の本になると、途中で眠くなってしまう。本を読みたいのに、読みつづけることができませんでした。

その僕の状況が変わったのは、10年前に出合ったある本がきっかけです。

当時の僕は、人生のどん底。**読書が苦手な上に、英語もできなかったため、大学受験に2度失敗。長い浪人生活を送っていました。**

「人生終わった」とあきらめていた矢先。大学入試最終日の帰り道に出合ったのが、ピンクとホワイトのカバーの2冊です。それは、『お金と英語の非常識な関係』というタイトルの上下巻の本でした。

普段なら、途中で挫折するはずの本。しかし、このときばかりは、なぜか読み進めることができました。

読書が苦手ながらも、ページを1枚1枚めくっていたのです。

そこには、衝撃的な内容が載っていました。

その衝撃的な内容が、僕の読書への思い込みを外してくれました。

その思い込みとは、「本ははじめのページの1行目から、最終ページの最終行まで読まないといけない」ということ。

単純なこの思い込みから僕を解き放ち、新しい読書の世界へと連れていってくれました。

僕は何も特別なことをしたわけではありません。その本に書いてあった通りに、本を読み、そして行動しただけ。読んで行動、読んで実践。それを1か月に10冊、30冊、50冊とどんどん増やしていきました。

それだけで、いつしか読書トラウマが解消されて、みるみる変わりました。何が変わったって、自分が変わったから、環境も変わりました。

思いが変われば、行動が変わる。
行動が変われば、習慣が変わる。
習慣が変われば、人格が変わる。

人格が変われば、人生が変わる。

ある本に書いてあったこの言葉は、本当にそうなのだと実感しました。

第一志望の大学には見事に落ちたものの、幸いにして大学の夜間部に入れたから、図書館で好きなだけ本が読めました。

さらに昼は、本で読んだ経営者のベンチャー企業に勤務。昼は働き、夜は学ぶという日々を繰り返しました。

「人生終わった」という状態からもう一度やり直したい。ただその思いでした。

そして、昼働き夜学ぶ生活の中、わずか1週間の勉強で転部試験に合格しました。

大学で学びながらも、ベンチャー企業で働き、その後起業。大小の挫折を味わいながら、さまざまなプロジェクトや会社の立上げに関わりました。

数年後、長年の夢だった『お金と英語の非常識な関係』の著者、神田昌典さんのビジネス・パートナーにもなりました。いまでは、自分で会社を立ち上げ、仲間とともにいくつかの会社を経営し、つぎの社会のための事業をつくっています。

これらはすべて読書が得意になったことがきっかけ。

そして、人との出会い、ご縁のおかげです。

こんなに人生を変えられるなんて……10年前の僕からは想像がつきませんでした。それだけ、読書には力があります。

本が読めなかった時代には、孤独で苦しかったのです。ひとりのときは、苦しいことをどうやって乗り越えたらいいのかわかりませんでした。

いまは本と大切な仲間がいます。だから、ビジネスで苦しいことをともに乗り切り、楽しさや豊かさを分かち合えるのです。

本を読み、行動すると、やりたかったことがどんどん実現していくのです。

◆洋書まで読めてしまう画期的な読書法

僕は、この20歳のときに出合った読書法に心底惚《ほ》れ込んでいました。

もしこの読書法が幅広い人に受け入れられ、学校教育の場にも広がったら、差別がなくなり、戦争もなくなると思っていました。いまもその想いは変わりません。

しかし、現実はこの読書法を習うことで、読書ができると実感し人生が変わる人と、残念なことに実感できずに、未《いま》だに読書が苦手なままの人がいます。

この現実にぶち当たったとき、**年齢問わず、誰でもできる「新しい読書法」をつくれないだろうか？**　と考えました。

それも、誰でも**マンガのように気軽に**1冊20分ぐらいで読めて、内容を誰かに話すことができる。そんな読書法をつくりたいと願い、研究しました。

そこで、僕はこれまでの速読やさまざまな読書法を分析し、原理原則を整理しました。さらに、**最新の脳科学、行動経済学、認知心理学をベースに、新たな読書法として再構築したら、いったいどうなるのかを実験しました。**

その過程から生まれたのが、本書で紹介するレゾナンスリーディングです。

誕生の直接のきっかけは、洋書を読まなければいけなくなった出来事でした。

当時僕は、ベンチャー企業の新サービス企画室や事業企画室で働いていました。新規のビジネスを考える際には、国内事業はもちろん、海外事業もリサーチすることが求められます。

海外事業の最新ビジネスを学ぶためには、インターネットで検索することはもちろんなのですが、まとまった情報をしっかり得るために、ビジネス洋書を原書で読まなければいけません。

そのとき、試していたのが、**数多く存在する読書法の中にある、手のひらで本のエネルギーを感じて読むという読書法**です。

「手のひらで読むなんて、怪しい！」と思われる方も多いでしょう。

正直、怪しいのですが、シンプルな方法で手軽に読めてしまいます。

だから、新しい読書法は、この手のひらで本を読むという発想をベースにできないかと考えました。2年、3年と、考えるうちにある発想が生まれました。

「手のひらで1冊のエネルギーを感じ取るだけでなく、別のものに転写できないか？」。そう思って、紙1枚を取り出し、曲線を描いてみました。

すると不思議、その曲線を通して、本が読めてしまいました。

試しにいろんな人に実践してもらいました。するとどうでしょう。多くの、さまざまな人でもできることが判明しました。

ある程度文字が読める力があれば、誰にでもできてしまうのです。自分の欲しい情報を瞬時に得られるようになります。

その後、僕はある事業で洋書のリサーチ業務に関わることになりました。そこでは、毎月50冊ものビジネス洋書を英語の原書で読まないといけません。さらに、読んだ洋書に関するレポートを毎月10本出さないといけないのです。英語ができない僕はひどく落ち込みました。

しかし、この新しい読書法、レゾナンスリーディングを使うと、**英語ができない僕でも洋書をラクラク読めてしまいます。**しかも、**英語力も上がります。**

現在も毎月、洋書を50冊ほど自然に読めるのは、この手法のおかげです。そして、海外の著者やコンサルタントと交流できるようになったのも、レゾナンスリーディングで養った力のおかげです。

◆世界に広がるレゾナンスリーディング

この新しい読書法の原理を解明するのに、2年の歳月がかかりました。

そこから、3年間にわたる実践と膨大な文献の研究を繰り返した結果、現在のレゾナンスリーディングとなったのです。

いまや、**レゾナンスリーディングは2000人以上の方々が体験し、実践してくれています。**

NTTアドバンステクノロジ株式会社、鈴与シンワート株式会社といった企業でも採用され、多くのビジネスパーソンが仕事にいかしてくれています。

さらに日本にとどまらず、世界で活用されつつあります。

世界180か国に展開する米国研修会社で、フォトリーディングという加速学習法を生んだ、ラーニング・ストラテジーズ社の**加速学習テキストでもレゾナンスリーディングが紹介**されています。

レゾナンスリーディングで、あなたの読書は間違いなく変わります。

さらに、**あなたの隠れた才能を目覚めさせ、あなたの日常を変える**ことでしょう。

そして、社会の大きな問題を解決する手段にもつながっていくことでしょう。

それでは、ページをめくり、
あなたの読書を大きく変える、
旅へ出かけましょう。

1冊20分、読まずに「わかる!」すごい読書術

目次

プロローグ

読書も英語も苦手な僕が、ビジネス洋書を年間500冊読めるようになった理由

1章

なぜ、最初から最後まで読まなくても「わかる!」のか?

2章 実践！　20分でできる「レゾナンスリーディング」

3章 どこでもサクッと読めて、内容も忘れないから読書習慣が身につく

4章

自分の専門分野ができる本の選び方と読みこなし方

5章

読書で成果を出す人、読んだだけで終わる人

エピローグ

本を読み終えた後にはじまる、あなたの本当の人生

装丁／穴田淳子（a mole design Room）
編集協力／株式会社ぷれす
本文DTP／朝日メディアインターナショナル株式会社
編集／金子尚美（サンマーク出版）

1章

なぜ、最初から最後まで読まなくても「わかる！」のか？

速く読めるだけではない！　人生を変える読書術

あなたは1冊の本を読むのに、どのくらい時間がかかっていますか？

2時間？　それとも1日？　1週間、1か月、3か月、それとも……半年？

本書を読むのに、いまのあなたの読書レベルは関係ありません。

本書でお伝えする読書法**「レゾナンスリーディング」では平均20分、最短では8分で読めるのが特徴**です。

ただ短時間で内容が理解できるだけではなく、**自分が求めている情報を瞬時に得られます。**

さらに、**新しい自分に向けて、行動計画まで創り出せる**ようになる手法です。しかも、その行動計画により、つぎのように人生が望む方向に動き出します。

・転職活動に成功し、年収が2倍になった
・社内で評価されて昇進した
・2年間書けなかった論文が、わずか2日で構成ができあがり、完成させることができた
・人間関係がよくなった（とくに家族が仲良くなった）
・ベストセラー作家になった

これは一例ですが、さまざまなことができるようになります。

もし、いま手に取っている本書によって、あなたの読書が変わり、人生が劇的に変わるとしたらあなたはどうしますか？　どんなことを読書によって達成したいでしょうか？

机の上の積読を解消してもいいですし、ビジネス書に書いてあることを実践し、**仕事で成果を出す**ということもいいかもしれません。

もちろん、自分の欲しい情報を瞬時に得られるようになれば、**いま悩んでいることも本から学んだ方法ですぐ解決**できます。

先輩や上司、友人、父親や母親からプレゼントされた本も、すぐに**感想と御礼を伝えることができる**でしょう。

それも、訓練不要です。この本だけで、あなたは1冊の本の内容を20〜30分でつかむようになれるのです。

当然、多くの人が、「そんなことあるはずない」と思うことでしょう。しかし、それはいったい誰が決めたのでしょうか？

そうです。あなた自身なのです。**多くの人が、自分自身で自分の可能性を狭めてしまっています。**

大切なのは、自分の可能性を信じること。「これがもし本当なら、どうだろう？」「それが現実になるとしたら、私にとってどんないいことがあるだろう」という前提で動いてみることなのです。

レゾナンスリーディングは、（次のページにあるような）マップを描きながら、本とレゾナンス（共鳴）し、著者との対話をしながら、短時間で自分の欲しい情報を得られる読書法です。

しかも、**どんなジャンルの本でもＯＫです。**ビジネス書、小説、専門書、海外の書

本書をレゾナンスリーディングして描いたマップ

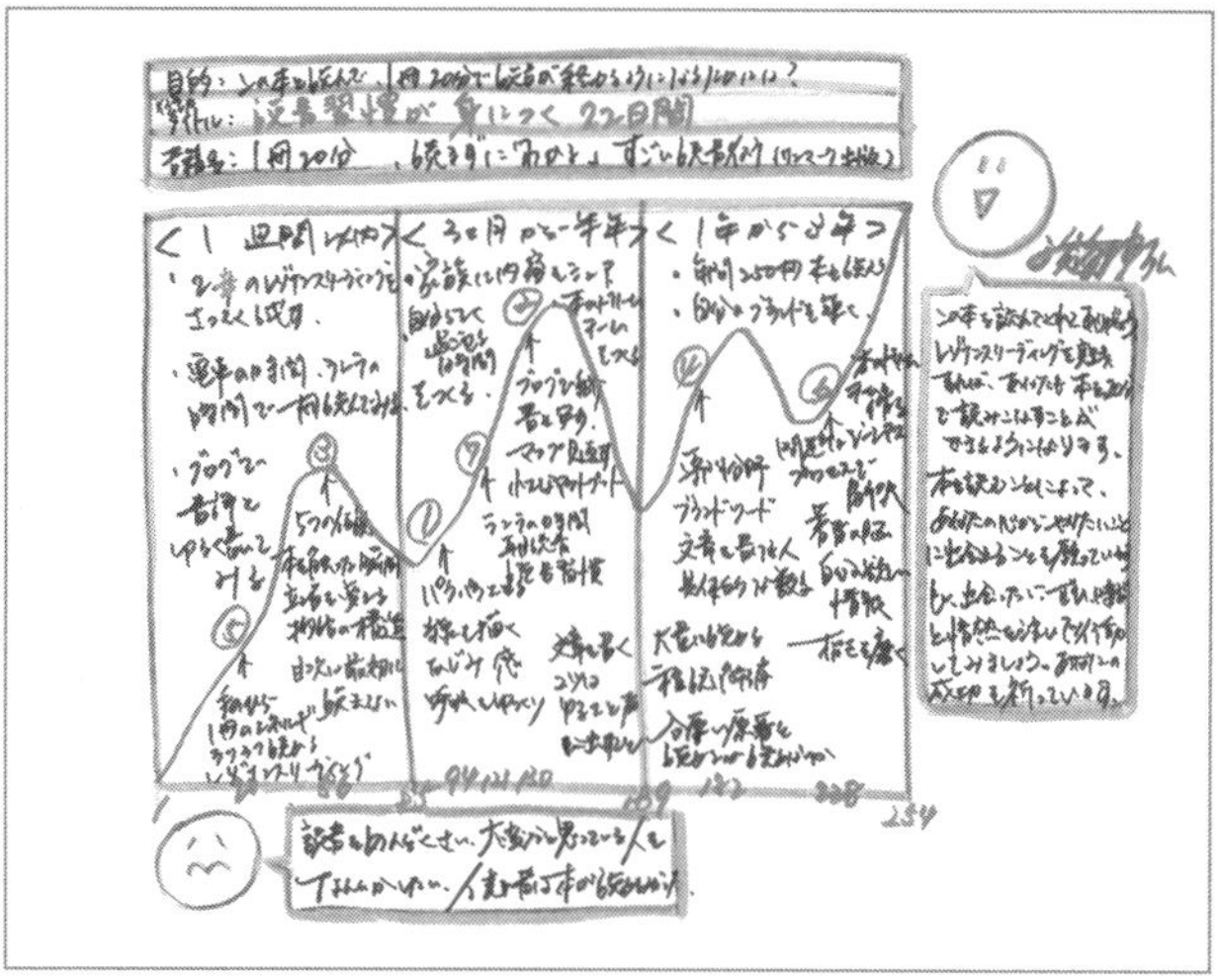

物、電子書籍、レポート。文書であれば、何にでも活用することができます。

本書でレゾナンスリーディングをあなたのものにしていただくことで、読書トラウマを解消し、読書をいままで以上に身近な存在にすることができます。

さらに、本とうまくつながることで、**あなたの才能がより開花し、ずっと思い描いていた人生を送り、毎日に喜びを感じることも可能**なのです。

たった1分の呼吸があなたの集中力を高める

それでは本書を本格的に読みはじめる前に、まず行ってほしいことがあります。

あなたの集中力を高めるために、ここでゆったりとした呼吸を行ってください。

一瞬で集中力を高める1分間呼吸法

①へそから下に向かって横にした指を3本置いたところを意識する

②息をゆったりと口から「ホォー」っと、声に出すようにして吐き出す（約5秒）
③息をゆったりと鼻から「スゥー」っと、音が出るようにして吸っていく（約5秒）
④息を吐く、吸うで1サイクル。このサイクルを1分間続ける

「たったこれだけで集中力は高まるの？」と思われるかもしれません。

しかし、すでに**スタンフォード大学などの意志力研究で、ゆったりと1分間呼吸をすると意志力が高まることがわかってきています。**

また、ゆったりとした呼吸を1分間続けることで、脳波はストレスを感じたときに生じるベータ波から、リラックスしたときに生じるアルファ波に切り替わっていきます。よくいわれるように、脳波がアルファ波になっているときは、集中力が高まっているのです。

まずは、ゆったりとした呼吸を行い、それから本書を読んでいきましょう。

見方を変えるだけで「読書が苦手」は克服できる

読書をしたくても、苦手意識をもつ人は意外に多いものです。

「なんでもっと速く読めないのだろう」「読んだ内容をまったく覚えていない」「難しく書き過ぎ。日本語で書かれているのに、わからない」

読んでいくうちに、だんだんまぶたが重くなって、気づくと夢の中。「今日こそ、この本を読み終える」という意気込みはつかの間。

目覚めて、また眠ってしまったと後悔してしまう。そうこうしているうちに、読書が得意な友人はどんどんいろんな本を読んでいき、会話についていけなくなって、自分は読書が苦手だと思ってしまう……。

僕自身もそうでした。読書が苦手だったから、本が速く読めて、本の内容をスラスラと話すことができたら、どんなに日常が楽しいだろうと思っていました。

だから、読書が得意そうな何十人もの経営者にインタビューをしました。同時に、読書が苦手な人にもインタビューを行って、なぜ、読書が苦手だと感じてしまうのかその共通点に気づきました。

読書が苦手な人の共通点

・一字一句精確に理解し、覚えていることが読書と思い込んでいる

一字一句理解するまでつぎに進めないから、時間がかかる。

・速く文字を追えるけれど、頭に残った感じがない

結局、頭に残った感じがしないので、読んだところを何度も読み直してしまう。速く読んでも覚えていないから、読み直す。

この2つの理由で時間が人よりもかかるので、読書は苦手だと感じてしまうのです。苦手と感じるうちに、この2つのジレンマにハマり、読書トラウマを抱えてしまうのです。

この読書のジレンマを乗り越えるには、どうしたらいいのでしょう？

それには、読書に対する新しい見方をもつことが必要です。

その新しい見方とは、読書における2つの軸、「見る（観《み》る）」と「考える」を知ることです。

読書が苦手だと感じる人ほど、文字を「見る」と「考える」ことを同時に行っています。

「文字を精確に見て、この意味はどういうものか考える」「先ほど読んだ文章と合っているか考える」「考えているうちに、不安になって先ほどの文章を読み返す」……。合っているかどうかに執着しこれを繰り返しているのです。

このようにしていては、当然つぎの文章に進めず、時間がかかります。

読書は「見る（観る）」と「考える」、この2つのプロセスでできています。

「見る（観る）」軸はシンプル。私たちは、**目に入ってきたものを無意識に判別しています。**広い視野で眺めるときの「観る」、文字を認識する意識的な「見る」。「見る」では、「ゆっくり」な人もいれば、「速い」人もいます。

「考える」軸は、「すぐ」か「じっくり」の2つで分かれます。文字で認識した情報を過去の自分の経験や知識に基づいて考え、文章を理解します。

読書の4つのスタイル

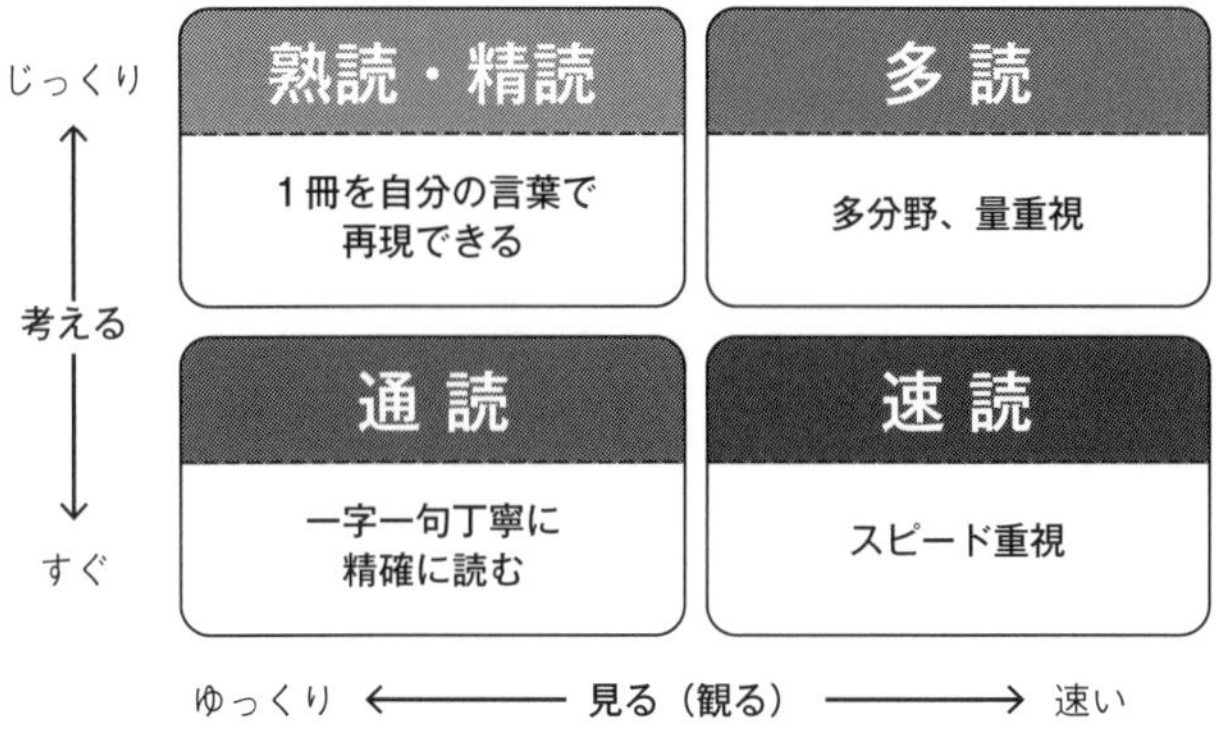
熟読・精読
1冊を自分の言葉で
再現できる
多 読
多分野、量重視
通 読
一字一句丁寧に
精確に読む
速 読
スピード重視
じっくり
考える
すぐ
ゆっくり
見る（観る）
速い

このように読書をとらえてみると、つぎの読書スタイルに分類できます。

「**通読**」とは、私たちが学校で教えられた読書法。声に出してもしくは心で一字一句逃さず読んでいく手法です。文字を見て、考えることを同時にしています。

「**速読**」とは、観ることに集中する、時間と効率重視の読書法。スピードを上げて眺めて、必要なところだけを見ます。

「**多読**」とは、本を大量に読む方法。大量の本をまず観ます。その後で、何冊もの本を比較し、違いを見つけます。

「**熟読・精読**」とは、精確に読み、自分のものにする読書。著者の意見も精確に理解し、新しい切り口で1冊まるまる自分の言葉で再現できるレベルになることです。

誤解していませんか？
最初からすべてを理解しなくていい！

「その本の要旨の理解と記憶」「内容の把握」「著者のオリジナル性や切り口の発見」「文体の吟味」……あなたはこれらを、「1回目の読書でやらないといけない」と思っていませんか？

もし、**1回でやらないといけないと思っていたらそれは間違い**です。

たとえば、懇親会ではじめて会った人と最初の5分でどのような会話をしますか？いきなり、相手のことを全部1回で聞かないですよね。まずは、相手の名前を聞いて、いまやっていることや、今日参加した理由などを聞くと思います。

これと一緒で、最初の読書で全部を知ろうとするのは、はじめて会った人の全部を知ろうということです。

学習における脳は、いろんなことを**1回でやろうとした途端にショック状態に陥り、機能が停止してしまいます。**何も、最初の1回の読書ですべてをやる必要はないのです。

学習は1回限りですませるよりも、回数を重ねたり、アプローチを変えたりしながらする方が、理解度も記憶力も上がることが実証されています。

読書に当てはめれば、**1回目の読書で求めることを少なくし、本に対し違った読み**

方をすれば、理解度も記憶力も上がるということです。

つまり、つぎページの図でいうと、いきなり、通読から熟読・精読には向かいません。最初は一字一句の精確さ、理解度を求めないことです。専門家の読み方でも、1冊の本を理解する場合には、まずその本の論旨をつかみます。

そして、さらに理解を深めたかったら、その本をより熟読するのではなく、参考文献リストを眺め、そのうちの何冊かを読み、その本の著者が本をつくる着想まで理解しようとします。

つぎページの図だと、**その本の全体像を把握するためにスピード重視の「速読」をした上で、参考文献を「多読」し、そしてそこから「熟読・精読」をしています。**

知識創造のプロたちがこの流れで読んでいるのに、最初の1回だけの読書ですべてを把握しようとするのは、難しいチャレンジになりますね。

いきなり通読から熟読・精読には向かわない！

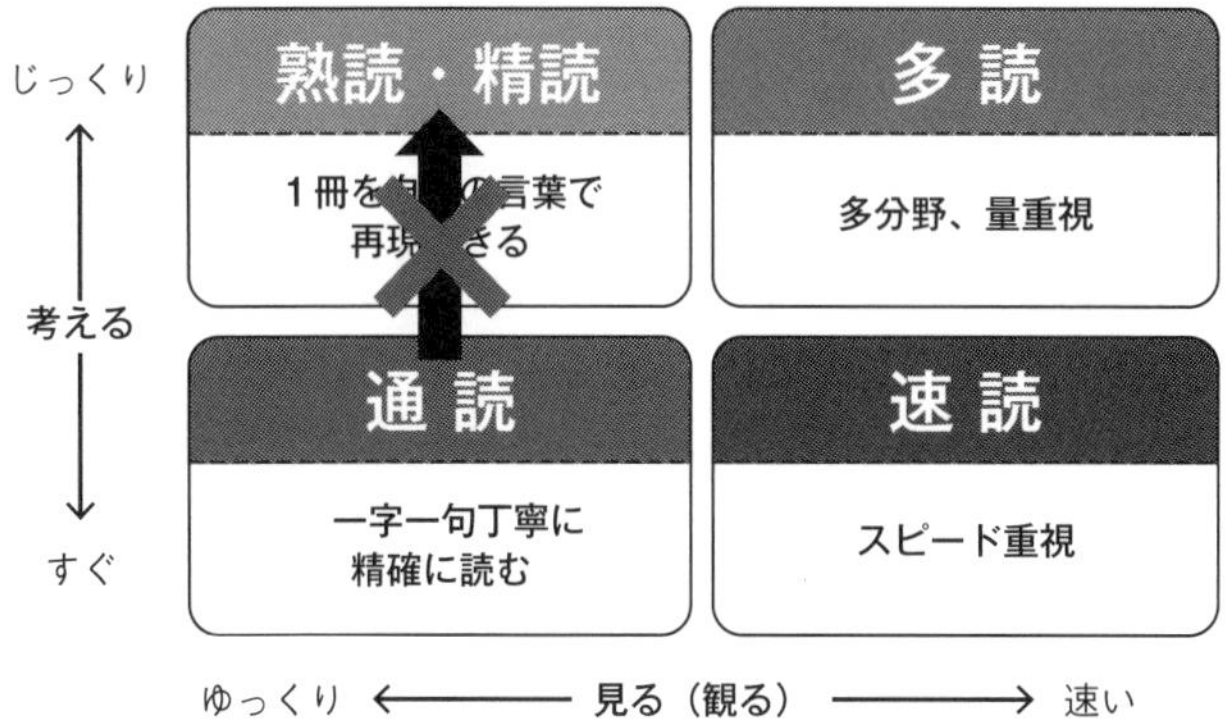

知識創造のプロたちが読む流れ

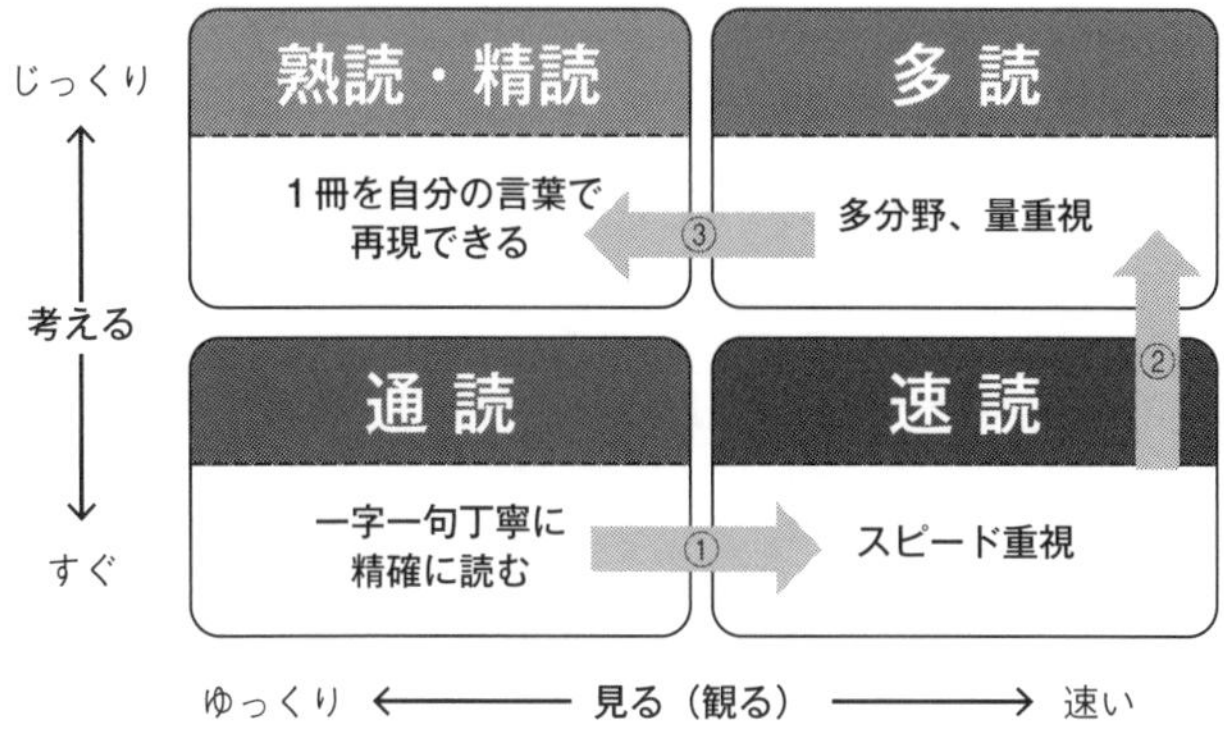

海外映画の字幕と読書の非常識な関係

では、なぜ最初に一字一句追わず、スピード重視で全体を把握する読み方の方がよいのでしょうか？　それは、先に速く文字を追った方が内容を理解しやすいからです。こんな事例があります。

ある30代女性は、海外映画の吹き替え版しか、観賞できなかったそうです。その理由は、字幕に追いつけないから。文字を追い、その一つひとつを理解することができなかった。そのため、海外映画を観ていると、映画の内容を理解できないから、最初の20分ぐらいで眠くなってしまうそうです。これって読書も同じですよね。

僕は過去に映像会社でアシスタントとして、映像編集を行っていた経験があります。

日本語の字幕は、1秒間に4文字を読むという前提で、一度に20文字以内の表示を

基本としています。そのため、4～5秒で内容を把握しないといけません。これは、文字を見て、理解するのが苦手な人にとってはとてもハードです。

だけど、興味深かったのが、その後の女性の話。

その女性は、シリーズものの海外映画は、字幕でも観賞できるそうです。たとえば、『ミッション：インポッシブル』や『スター・ウォーズ』『007』『ハリー・ポッター』などの過去に放送されて、著名な作品は吹き替えなしの字幕でOK。

どうしてなのだろうと話を聞いているうちに、その理由がわかりました。シリーズものの海外映画は、すでに前作で、主要な登場人物とストーリーの展開をある程度知っているから。だから、字幕版でも最後まで観賞できるのです。

知識を自分のものにするプロセスも、これと同じなのです。

読んで、知識にするためには、最初に文字を見ることだけに集中して、同時に深く考え込まないことです。

1回目は、**見ることに集中して、自分の中に本の情報をインストール**するのです。

そして、2回目以降に、斜め読みなどをしながら、自分の気になる情報にフォーカスしながら読んでいけばいいのです。読む回数を増やすことで、その本のデータが入ります。

その本を読んだら、つぎに同じジャンルの違う本を読みます。映画でいえば、同じシリーズのものや、監督や俳優が一緒のものを観賞する感覚です。すでに知っている情報があるから、馴染《なじ》み感があるので、スピードを上げて読むことができるのです。

速く読んで理解度も上げたかったら、まずは**内容をじっくり「考える」よりも、先に「見る」に集中しましょう。**これこそが、あなたを読書のジレンマから解き放ち、いろんなジャンルを読んでも、速く読め、内容も覚えられる秘けつなのです。

最初に目次を見るのは科学的には逆効果

読書のジレンマを脱却する方法は、これまでの話でご理解いただけたかと思います。読書をする際に、「見る」と「考える」を同時に行わないこと。これこそが読書スピードを高めるコツです。

さらにもうひとつ大切なことをお伝えします。**誰もが大事だと誤解しているポイント**があります。

それは、多くの読書術・読書法がすすめている「目次を最初に読む」ことです。

読書ができる人も、できない人も、ほとんど必ずといっていいほど、最初に著者のプロフィールや目次、「はじめに」を見ます。そしてそこから、本文に入ります。

でも、**短時間で自分の欲しい情報を得たいのなら、いますぐ目次を最初に読むことをやめるべきです。**

最初に目次を読んでしまうことは、**認知科学や脳科学的に見ても逆効果なのです。**

その理由は簡単。最初に目次を見ることで、「思い込み」が発生してしまうから。

たしかに、目次を見ることは有効な部分もあります。つくり手側の視点と意図を把握できます。著者は、読者が早く本の内容と自分のメッセージを把握できるように、目次や本文の太字、プロフィール、本の装丁など工夫を凝らしています。

もちろん、著者の意見を精確に把握することがあなたの目的なら、最初に目次を見てもいいでしょう。

ただ、自分の欲しい情報を早く得たいのなら、最初に目次を見ないことです。

長年にわたって何万冊と読んできた僕の経験でも、自分にとって本当に必要と思ったところは、**著者のメッセージや論旨とは必ずしも一致せず、ほんの少しズレたところにありました。**

同じように、大澤真幸元京大教授も『「知の技法」入門』で、その本にとっての中核的な主張が、必ずしも自分にとって重要だということと一致しないといっています。

大事なのは「あなたの視点」です。あなたの欲しい情報はあなたの視点が決めているのです。

最初に、**著者視点での本に対する「思い込み」が発生してしまうと厄介**なのです。

このことは、脳科学の観点からもいえます。僕は脳科学者じゃないから、脳科学の論文と友人の脳科学者との対話から得た観点です。

もちろん、多くの人が知っているとは思いますが、テレビや雑誌などで紹介される便利な脳科学のように、実際の脳科学はそれほど万能ではありません。ただ、何十年前よりも脳に関する解明は加速していることは確かです。だけど、未《いま》だにわからない点も多いのが、脳科学です。

その脳科学の分野で、近年注目を浴びているのが、「バイアス」です。すなわち、「思い込み」のことです。

この「思い込み」の研究を知ることで、私たちの学習に役立てることができます。

自分の本当に欲しい情報を得るためにしてはいけないこと

私たちは、ものを知る際に、2つのプロセスを通じて認知し記憶しています。

- **無意識に覚え、意図せずに思い出している「プロセス1」**
- **意識して覚え、意図的に思い出す「プロセス2」**

この2つです。

私たちは出会ったときの最初の印象が重要だとよくいわれます。それは、**無意識に受けた最初の印象がなかなか変わらない**からです。たとえば、友人の顔や声を一度覚えてしまいますよね。意識しなくても、目の大きさや声の高さなどを感じ取っているものです。これには無意識に処理している「プロセス1」が働いています。

そして、何度も会っているうちに、「最初に感じていた雰囲気は違うのかも。本当はこうだった」など、最初の印象に情報が加わり、認識が変化していきます。これには、意識的に認識し直し思い出していく「プロセス2」が働いています。

学習や読書に関しても同じです。子どもが言葉を無意識に獲得するように私たちは「プロセス1」を通じて、多くのものを無意識に知り、記憶しているのです。

だから、最初に何を見るのかが肝心なのです。無意識に感じてしまうことで、大事なものが得られなくなってしまいます。

つまり、**先に目次を見ることで、著者の論旨の印象が無意識のうちに伝わり、かえって自分の本当に欲しい情報が得られなくなってしまう**のです。その印象を意識的に変えていくためには、あなたの努力と時間が必要なのは当然のことです。

読書の中心は「あなた」です。本や著者ではないのです。

あなたがもし、いまコーヒーが飲みたいと思ったら、コーヒーなら何でもいいですか？　あなたが求めているのは、スターバックスラテかもしれませんし、コンビニの

１００円コーヒーかもしれません。もしくは、コーヒー嫌いのヒラリー・クリントンが感動したバッハブレンドかもしれません。

自分が望んでいるものを、相手に伝えるためには、コミュニケーションが必要ですよね。スタバのラテだって、あなたにとっては、ただのラテではなく、少し熱くしてもらったエクストラホットで、よりコーヒーの香りとまろやかな味わいを楽しむためのミルク少なめのラテかもしれません。コーヒーひとつとっても、求めているものは、人によって分かれます。

目次からいきなり読みはじめることは、自ら進んで著者から万人に向けたコーヒーを無理やり飲まされに行くようなものです。

何となく、違うのだけれど、一度飲んでしまうとコーヒーを飲みたかった欲求は満たされ、**本当に望んでいるものを忘れてしまう**のです。

本書でお伝えするレゾナンスリーディングでは、読書をあなた中心にするために、目次を最初に見ません。著者のこう読んでほしいという考えに振り回されずに、著者とおしゃべりをするような感覚で、あなたの本当に欲しい情報が短時間で得られる手法です。

読書を加速させるレゾナンスとは？

それでは、あなたの本当に欲しい情報が短時間で得られるレゾナンスリーディングの「レゾナンス」とはどのようなものなのでしょうか？

レゾナンスとは、日本語でいう「共鳴」「共振」を指します。共鳴とは、音と音が重なり合い、ハーモニーを奏でることを意味します。

「共鳴」を辞書で調べると、**「振動数の等しい発音体を並べて置いて、一方を鳴らすと他の一方も音を発する現象。他の人の考え方や行動に自分も心から同感すること」**と出てきます。

このレゾナンスという音は、日本人にはあまり馴染みがありませんが、海外ではグローバルエリートたちがよく使う単語です。「会社のビジョンにレゾナンスされた」「あなたの考え方に深くレゾナンスされた」などと、ポジティブに使われます。

また、共鳴とはスポーツでいう「ゾーン」だと言う方もいます。ゾーンとは、心理学でいう「フロー状態」に入ることです。さらに、このフロー状態とは**人を巻き込む影響をもっているもの**だと話す方もいます。

そして**フローとは、自分の趣味に没頭している瞬間に起こる**といいます。このフローに関しての第一人者、心理学者のチクセントミハイは、フローとはいまこの瞬間に没入し、すべてをコントロールしているような感覚と言っています。

つまり、**レゾナンスリーディングは、著者の書いた本のエネルギーを鳴らすことにより、自分自身の心の音、隠れた才能を導き出していく読書法**です。

さらに、本に没入し、短時間で自分の欲しい情報を得て、隠れた才能を発揮する行動へとつながるインスピレーションが得られます。あなたの読書を理想の状態でコントロールしながら、楽しむこともできるのです。

この読書法を身につければ、あなたも読書を短時間で終わらせられるようになることでしょう。軽く1日1冊は読めるようになり、年間300冊以上の本を読むことができるようになります。

体は手に触れたものの本質を瞬時に理解している

レゾナンスリーディングは、全部読まなくても、自分の欲しい情報を得られる読書法です。なぜ、全部読まなくてもいいのでしょうか？

それには、レゾナンスリーディングを支える５つの仮説に秘密があります。

レゾナンスリーディングを支える5つの仮説

仮説①　本を触った瞬間に体は情報を得ている

仮説②　どんなに速くページを開いても、脳に入っている

仮説③　脳は何かと意味づけようとしている

仮説④　人は立場を変えて読むことで、理解や記憶が変わる

仮説⑤　物語の構造で読むと理解が加速する

「本を触った瞬間に体は情報を得ている⁉　そんなこと、ありえない」

そう思うかもしれません。

しかし、レゾナンスリーディングは科学的根拠をもとにしたものや、各界で常識的にいわれているものを前提に仮説を立て、検証して生まれました。

これらの仮説が成り立っているからこそ、全部読まなくても、自分の欲しい情報を得ることができるのです。


まず、最初の仮説①「本を触った瞬間に体は情報を得ている」です。

ここまで、いろいろとお話ししてきましたが、正直にお話ししますと、**体は０・１秒で読書を完了させています。**

じつは、本を持った瞬間に、私たちの体はその本の本質を得ています。つまり、**目で本を読む前から、私たちの体はその内容を理解しているの**です。

そんなバカなことがあるなんて、そう思われるかもしれません。僕も昔はそのように思っていました。

「体はものを触った段階でその本質を知っている」ことは、すでに科学で明らかになっています。

たとえば、男子テニス界の世界チャンピオンに君臨しつづける、ノバク・ジョコビッチ選手の例をご紹介しましょう。

ジョコビッチには、グルテン不耐症というアレルギーがあることで有名ですが、その検査をした実験が興味深いのです。著書の『ジョコビッチの生まれ変わる食事』では、体が瞬時にものの本質を得ていることが示された実験が紹介されています。

グルテンアレルギーかどうかのテストをする場面で、医師がまず、ジョコビッチに右腕を伸ばし、力を入れるように命じます。

医師はその右腕を下ろそうと力を入れます。その反応を確かめた後に、医師はジョコビッチに一切れのパンを渡します。そしてそれを持ったまま、右腕を伸ばすように命じます。医師は先ほどと同じように、その右腕を下ろそうと力を入れます。すると、ジョコビッチはまったく力を入れられず、あっさり右腕が下りてしまいます。

この実験は「キネシオロジーの筋反射テスト」という実験です。**私たちの体はもの**

を触った瞬間に、筋肉がわずかに反応しているというものです。

じつは、本を使っても同じようにやることができます。

さっそく、つぎの実験をして、あなたも試してみましょう。変な先入観は不要。何事もまずチャレンジです。

実験1　本を持った瞬間に、体は変化している

①本を選ぶ前に、まず前屈をしてどのくらい床に近づくのかチェックする
②あなたがこれから読みたい本を選ぶ
③読みたい本を持って、同じように前屈してみる

どうですか？　体に変化が起きませんか？　**本によって前屈できる状態が変わるのです。**

「ウソ、ありえない」と思われた方もぜひ、違う本でも実験してみましょう。

人によってそれぞれですが、一般的に**自分に馴染みやすい本は筋肉が柔らかくなっ**

本を持った瞬間に、体は変化している

①前屈をしてどのくらい床に近づくのかチェック

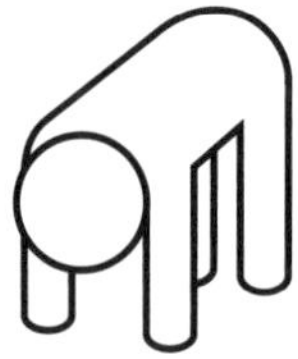

②読みたい本を選ぶ

③読みたい本を持って①と同じように前屈

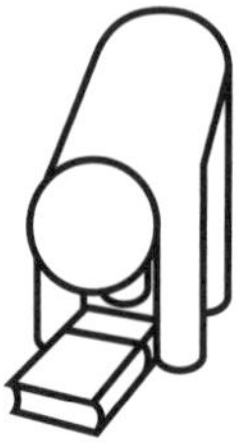

て前屈がしやすくなります。逆に、自分にとって少し難しいと感じている本では筋肉が硬直し、前屈がしにくいのです。

私たちの体は、ものの本質を脳よりも早く把握しています。0・1秒というのは、ものを触った瞬間に発生する電気信号が脳の神経細胞に届く時間です。そのため、本はエネルギーであるという方もいらっしゃいます。

まさに、**私たちの体は本を手に取った瞬間、そのエネルギーを受け取っているのです。**

ただし、体では受け取ったものの、まだこの時点では脳や意識レベルにおいて、その内容を知覚することができていません。

つまり、知覚できる読書の仕方を行うことが必要なのです。

レゾナンスリーディングは、この**体が感じ取ったエネルギーを線に転写させて読書をしていきます。**具体的には2章で説明していきますので早く確認したい方は、すぐ2章にトライしてみましょう。

本をパラパラしただけでも脳に入っている理由

仮説②は、「どんなに速くページを開いても、脳に入っている」です。

じつは、ほんの1分間で脳に本の情報を入れることができます。

それは、**1分間「本をパラパラさせる」だけです。**これは、多くの読書術の中でも語られていますが、じつに有効です。

レゾナンスリーディングでも、読書に入る前に必ず1分間ほど、本をパラパラします。本をパラパラするだけで内容が理解できるなんてと思われるかもしれませんが、できたという事例も多数あります。

日本でも脳科学系の速読ブームを起こしたフォトリーディングの本『あなたもいままでの10倍速く本が読める』の中で、アリゾナ州フェニックスのある速読スクールの事例が載っています。

その事例とは、**目を動かさない状態で、本を上下逆さまにして、後ろからパラパラとページをめくり、理解度をテストしたところ、過去最高のスコアをたたき出したと**いうものです。

僕も実際に読書会やワークショップで、本をパラパラさせる実験を行います。はじめは半信半疑できょとんとして、怪しいと思っている参加者も、本をパラパラしただけで、ワクワクしたという声をいただきます。

本をパラパラさせることは、信じる・信じない以前に、本に対する馴染み感が生まれ、それだけで理解度が増します。この馴染み感が脳と心に安心感を与えて、学習を促進させるのです。

本当に馴染み感が出ているのかどうかをつぎの実験で確かめましょう。

実験2　本を1分間パラパラする

①先ほど前屈実験をした本を1分間パラパラする
②再度、そのパラパラした本を持ち、前屈をしてみる

パラパラをするコツは、とにかくパラパラのスピードを高速化すること。高速のポイントは、速過ぎて音が出るくらい。さらには、文字が目で追えないぐらいスピードを出すことが大切です。とにかく、**1分間スピーディに体に本が馴染むまで、何度も本をパラパラさせましょう。**

このパラパラを支えているものは、サブリミナル効果やプライミング効果に基づくものです。

サブリミナル効果とは、何か現れたがその場では知覚できない。だけど、その後の行動でその知覚されていないが現れたものの影響が出ることを指します。

プライミング効果とは、あらかじめある事柄を見聞きしておくことにより、別の事柄が覚えやすくなったり、思い出しやすくなったりすることをいいます。

この数十年の実験結果により、**サブリミナル刺激を事前に行うことで、単語や語彙の判断スピードが向上することが明らかになっています。**

このサブリミナル効果をポジティブに活用し、あなたの読書を速めてくれるのがパラパラです。速読術の中には、眼球のトレーニングをして文字を読むスピードを速くしたり、ページを1秒ごとにめくったりする手法がありますが、これらの効果の一部

本をパラパラするだけで
脳の無意識のリソースに情報が送り込まれる

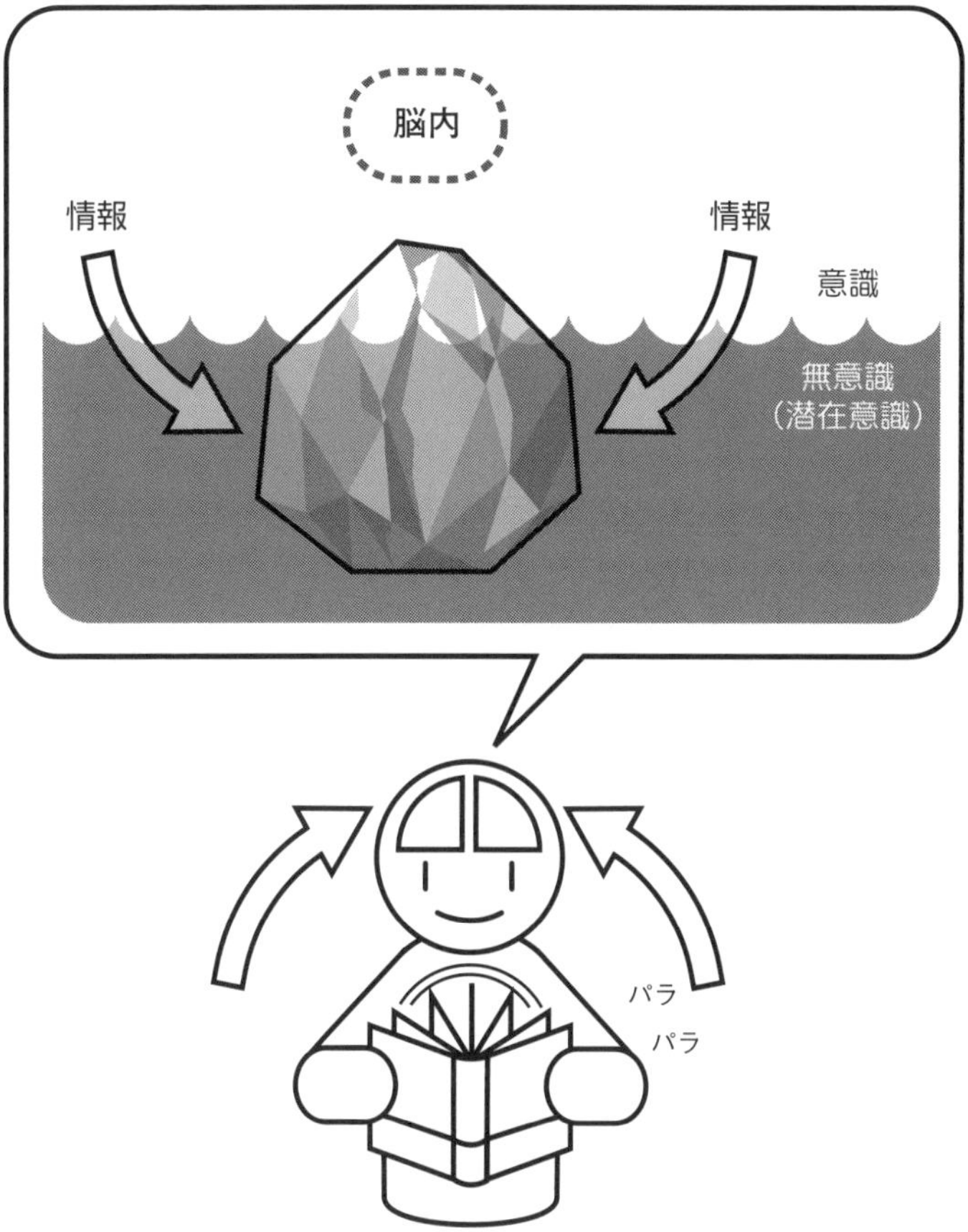

はこのパラパラで代用が利きます。

パラパラをすると、**本に書かれている情報が前ページイラストのように無意識のリソース（資源）、潜在意識の中に送り込まれます。**

この時点で、意識的にその情報を把握することは難しいのですが、これだけでも脳はこの本に対して馴染み感を得ています。

世界的に著名なデンマークの科学ジャーナリスト、トール・ノーレットランダーシュは『ユーザーイリュージョン』で、意識と潜在意識の情報処理スピードについて言及しています。意識の情報処理スピードが毎秒40ビットなのに対し、潜在意識が感覚器官を通して処理するスピードは毎秒１１００万ビット。つまり**無意識のリソースに情報を送り込むことで、私たちは27・5万倍ものスピードで情報処理することができるのです。**

さらに、２章で説明するレゾナンスリーディングのステップを踏むことにより、脳の無意識に入れた情報を意識的に引きだすことができます。

ちなみにこれはこじつけですが、パラパラの語源である「パラ（para）」は、ギリシア語で「近い」「超える」を意味し、ラテン語の語源である「parare」では、「準備する、遮る」とあります。

つまり、パラパラとは、語源の音からすると、「読書の準備をするために、通常の速度を超えて読む」を意味しているのではと思います。

読書をはじめる前に、まず本を高速でパラパラさせてみましょう。

読む目的を定めるだけで、スピードも記憶力も高まる

体は0・1秒間で情報を読み取ることを完了。脳は1分間で情報を読み取ることを完了するということをお話ししました。

ここからは、脳の拡大した機能にアクセスするための話です。

仮説③「脳は何かと意味づけようとしている」についてです。

小さいとき、家の天井を見上げて眠れなくなった経験はないでしょうか？　天井の木目を見て、それが鬼やお化けに見えて眠れなくなったという経験が。脳は何かある

と思うと、過去の経験や事象に照らし合わせます。

これは、錯視や錯覚といった、脳の拡大された機能です。この機能を利用することで、読書のスピードをあげることができます。

そこで大切なのが「本を読む目的を定めること」です。

私たちの脳は、目的がなければボヤーッとした状態のままですが、明確な目的をもった瞬間に、目的を達成するために必要な情報を探しはじめます。

それでは、その有用性を確かめる実験をしてみましょう。

実験3　目的の実験

①このページを開いたまま、本文を眺める
②本文を眺めたまま、頭の中でいまあなたがいる空間を思い出す
③いまあなたがいる空間に「赤い色」のものが何個あったか思い出してみる
④何個あったか、頭の中で数えたら、周りを見渡して確認する
⑤眺めて確認したら、今度は目を軽く閉じて、頭の中でいまあなたがいる空間を思い出し、赤色のものが何個あったか思い出す

⑥思い出したら、ゆっくりと目を開ける

当たっているかどうかが重要ではありません。

見渡した中で、「赤い色」のものが飛び込んでくることはなかったでしょうか？

これが、読書をする際に目的を定めることによるメリットです。

頭の中でこの空間を思い出した際に、最初に頭の中で考えたときよりも、明確に「赤い色」のものが何個あったかおわかりになりませんでしたか？

この実験からわかるように、**「目的を定めてから読書をすること」**には、つぎの2つのメリットがあります。

- **自分の探している情報が飛び込みやすくなる　↓　スピードが上がる**
- **探して得た情報が記憶に残りやすい　↓　記憶に結びつきやすくなる**

人は立場を変えて読むことで、さらに理解度や記憶力が高まる

読書をするとき、あなたはどういう立場で読んでいますか？

仮説④「人は立場を変えて読むことで、理解や記憶が変わる」についてお話ししましょう。

読書スピードに関しては、読むを「見る」軸に集中することや、本をパラパラさせることによって上がることはわかりました。だけどやっぱり、本の内容を理解して覚えていたいですよね？　そして人に説明できたらいいなと思う方も多いでしょう。

理解度と記憶力を高めるには、**本を読む視点を変えてみる**のがいいのです。

心理学者のアンダーソンとピチャートによると、単純に立場を変えるだけで、記憶も理解度も変わったという実験が行われています。

その実験ではまず、「家を買う立場のグループ」と「泥棒の立場のグループ」に分

かれて、同じストーリーを読み記憶してもらったそうです。

その後で記憶テストをし、2つのグループをもう一度分けて、半分は先ほどと逆の立場のグループになり、再度記憶テストをしたそうです。

この結果、2つのグループの観点をもったグループは、**別の視点から記憶テストを行ったことで、1回目では解答できなかった項目に対し解答できた**と報告されています。つまり、立場が変わることによって、形成された情報が変わり、1回目には脳が検索できなかった情報が、検索可能になり解答できたというものです。

本を別の視点から読むには、著者からのメッセージを一方的に受け取る立場から、**著者と対等に対話する視点**をイメージしましょう。

普段、目の前に著者がいることを想定して読まれたことがない方には、少し慣れないかもしれません。

そもそも、読書が得意な人や読書好きな人は、人に相談することが苦手な方も多いそうです。僕も人に相談するのが苦手で、本を読むことで自分の悩みを解決します。

「悩んでいること」や、「困っていること」「解決できないこと」「言いようのない不安」「失敗もしくは成功に対する恐れ」といった感情や悩みを解決するために、著者と対話していくために読書をします。

まさに**自分のために、その著者とその本のタイトルをテーマに、対話をしながら解決していく**のです。

実験4　目の前に著者がいることを想定してみる

①目の前に、自分の読みたい著者がいるとしたらと考えてみる
②その著者にいま困っていることを聞けるとしたら何を聞くか考えてみる
③著者と対話しているイメージで読書をしてみる

※この実験はいますぐやらなくてもよいでしょう。2章でこの仮説を検証していきます。

本によっては、講演会やセミナーなどで著者に会っているから、著者との対話をイメージできる場合もあるかもしれません。

講演会で、著者に質問をすれば、著者はあなたに対し答えてくれます。それも著者は自分のテーマの主張のみではなく、自分のテーマの範囲で、あなたに寄り添い、あなただけのためのメッセージをくれるのではないでしょうか？

これは、先ほど話した自分の欲しい情報を短時間で得たいなら、「最初に目次を見ない」にもつながってきます。なぜなら、目次を見てしまうと、著者と対等ではなくなってしまうのです。

心理学者の筒井順子さんは、レゾナンスリーディングを「本に引きずり込まれない読書法」だと話しています。著者と対等に、その本のテーマについて考えることができる手法だといいます。

通常、目次を見て、本を頭から読むと、著者の論理に流されます。読み手にとって、説得させせられたり反発したりしながらも、結局、いつでも著者の流れになってしまいます。**この一方通行の読書を、双方向にしてくれるのがレゾナンスリーディング**だと話しています。

筒井さん自身、これまで本を読むのに苦労したことは一度もないそうです。だからこそ、この双方向性に驚き、感動したそうです。

レゾナンスリーディングでは、2章で描くレゾナンスマップを通じて、著者と対話をしていきます。それは、**あたかも著者が目の前にいて、あなたの目的に合わせて、メッセージをくれる**かのようです。

優れた著者ほど、「自分がどう考えて、どう生きたかわかるような、読んだときに、自分という人間のすべてがわかるような作品を読者の心に残すこと」をしています。

著者は自分の人生を通して、あなたの悩みや課題を解決するヒントを伝えてくれるのです。

2章での実践では、著者が目の前にいるという想定を体感してみましょう。

読書を加速させる鍵はハリウッドの脚本術

最後は、仮説⑤「物語の構造で読むと理解が加速する」というものです。

レゾナンスリーディングは、1枚の紙に「レゾナンスマップ」というものを描きながら読書をします。このレゾナンスマップには、**「三幕」や「神話の法則」という物語の構造を取り入れています。**

物語の構造には、ある仕掛けがあります。

「何回読んでも、泣けて、何回見ても、元気をもらえて、この作品が存在する限り、自分は生きていくことができる」。優れた映画や小説、マンガ、音楽はそう感じさせてくれますよね。こうした作品の裏側には必ず物語の構造が隠れています。

私たちは幼いころ、両親から語り継がれた昔話を通じて、物語の原型をしらずしらずのうちに学んでいます。そして、人生を生き抜くためのストーリーを身につけているのです。

これはどこの国でも同じです。祖父母から親へ。親から子へと話が語り継がれています。語り継がれた昔話は、神話へとつながっているのです。

神話学者のジョーゼフ・キャンベルはこの神話を調べました。それもヨーロッパといった特定の地域だけではなく、各国の神話を調べることによって、**人間の深層に隠れた物語の型**を発見したのです。

その物語の型こそ、私たちが物語に**心を躍らせたり、時に怒りを覚えたり、泣いたり、笑ったりさせられる秘密**なのです。

『スター・ウォーズ』『ロード・オブ・ザ・リング』『ハリー・ポッター』『プラダを着た悪魔』など、こうしたハリウッド映画にも当然のごとくこの物語の型が使われています。

それが、ハリウッド映画に隠された脚本術「ヒーローズ・ジャーニー」です。

ヒーローズ・ジャーニーは、ジョーゼフ・キャンベルがつくり上げたものを、ハリウッドでストーリー開発の第一人者、クリストファー・ボグラーが脚本の型としてまとめたものです。簡単にご紹介しましょう。

ヒーローズ・ジャーニーの三幕と12のステージ

第一幕（はじめ）：ヒーローの決断

ステージ1：日常の世界

ステージ2：冒険への誘い

ステージ3：冒険への拒絶
ステージ4：メンター（賢者）との出会い

第二幕（なか）：ヒーローへの試練と報酬
ステージ5：第一関門突破、試練
ステージ6：仲間、敵対者
ステージ7：もっとも危険な場所への接近
ステージ8：最大の試練

第三幕（おわり）：行動の結果
ステージ9：報酬
ステージ10：帰路
ステージ11：復活
ステージ12：宝を持っての帰還

このようになっています。
物語の構造で構成されたストーリーは私たちの記憶に深く根づいています。そのため、この構造は私たちがストーリーの登場人物に感情移入できたり、心の琴線に触れたりするので記憶に残りやすいのです。

ちなみに、アメリカのアル・ゴア元副大統領をはじめ、グローバル規模の企業のプレゼンテーションを制作していることで知られるナンシー・デュアルテも、著書『ILLUMINATE』の中で、このヒーローズ・ジャーニーをもとに、スピーチプロットをつくり上げているといっています。

読書の際に、この物語の構造を頭に入れておくだけで、つぎの展開をつかみやすくなります。

ですが、優れた本ほどこの三幕がわからないように構成されています。

この隠された三幕の構成を浮き彫りにしてくれるのが、レゾナンスリーディングで描く三幕を用いたレゾナンスマップです。**三幕を実際に紙へと描くことにより、その著者が考えていた本の流れを明確にします。**その結果、読書が加速するのです。

読書にイノベーションをもたらす「5つの共鳴ステップ」

ここまで、呼吸の話、読書の概念、そして5つの仮説から読書のスピードを上げるコツ、記憶に定着させるコツを話してきました。

じつは、これらの話は、レゾナンスリーディングの手順であり、5つの共鳴ステップにつながっているのです。

レゾナンスリーディングの5つの共鳴ステップ

ステップ0：本を触り、自分の課題を明確にする
ステップ1：本をパラパラさせて情報を脳にダウンロード
ステップ2：3分割したマップに曲線を描く
ステップ3：曲線の気になるところのページから単語を抜き出す

ステップ４：気になる単語を見つけ、問いかけながらそのページを読む
ステップ５：その本から得たアイデアを活用する行動計画をつくる

この共鳴ステップとは、目的を定めること、呼吸を整えること、パラパラで眺め、三幕で読むこと、そして最後は、本のエネルギーを受け取り、曲線を描くことです。

もっとも重要なのが、この曲線を描くことです。

レゾナンスリーディングでは、まず三幕を描いて、本を右手で持ち、左手でその三幕の中に曲線を描くことをします。

線を描くことは、私たち人類にとって特別なことです。人類というと、少し大げさな感じがしますが、文化人類学の観点からも、線というのは特別なのです。

イギリスの文化人類学者のティム・インゴルド博士は、**線というものは物語そのものだ**と話しています。昔の旅人は、行き先まで地図を作りながら旅をしました。そしてその地図をもとに、酒場など人の集まる場所で、この旅がどのようなものであったのかを物語りました。こうしたことが時代とともに積み重なり、いつしか、**私たちの線を描く行為というものが、物語をつくるストーリーラインそのものに変わった**のだ

と説明しています。

線を描くことは、人類という大きい側面でなく、私たちにとっても大切な行為です。私たちは幼いころ、砂場で指を使って線を描いたり、色鉛筆で紙に線を描いたりします。何かを表現しようと思う線が絵になっていきます。

線は、私たちに何かメッセージをくれます。同時に、線は物語を代弁してくれるのです。

５つの共鳴ステップを使いながら、三幕と曲線を通じて読むのがレゾナンスリーディングです。

ここまで読んだ中で、「本当にこんな簡単なことで変われるのか？」「本当にめんどうくさい訓練をしていないけど大丈夫だろうか？」と、思う人もいるかもしれません。

正直、信じるか、信じないか、そして科学的であるかなんてことは、どうでもいいんです。だって**実行しない限り、いつまでも現実は変わらないから**。だから、あなたも騙《だま》されたと思って、ただやってみませんか？

紙１枚、ペン１本用意して、読書マップを描いて読むだけです。

たったそれだけで、あなたの読書が変わり、人生が変わるとしたら、どうでしょう?

さあページをめくり、次章でさっそくレゾナンスリーディングを実践しましょう。

2章

実践！　20分でできる「レゾナンスリーディング」

ステップ0 本を触り、自分の課題を明確にする

ここからレゾナンスリーディングの実践方法についてお話ししていきましょう。

レゾナンスリーディングは、5つのステップからできています。

このステップは、**読書の達人と呼ばれる人が無意識に行っていた作業を、システム化**しています。

これまでお話しした本を触って0・1秒で終わる手法はもちろん、パラパラとページをスピーディにめくる映写機のような作業もあります。

しかしそれだけでは、やっぱり意味を把握することはできません。だけど、1枚の紙に「見える化」することにより、誰でも簡単に、短時間で、読書の達人になれるのです。

はじめての方でも、20〜40分程度で紙1枚に描く「レゾナンスマップ」が完成しま

す。レゾナンスマップは読書マップと考えてもよいでしょう。

これからお話しする５つのステップを行うことで、誰でも短時間で読み終わり、知識を創造できるようになります。さっそく、レゾナンスリーディングをステップ・バイ・ステップで一緒に取り組みましょう。

まず、つぎのものを準備してください。

準備するもの
・読みたい本
・白い紙（A４程度の紙またはノート。この場合まず紙に三幕を描きます）、もしくは巻末のレゾナンスマップ
・ペン（12色のカラーペンがあれば色を使い分けられるのでおすすめ）

それでは、レゾナンスリーディングの準備段階【ステップ０】に入っていきます。

書籍名を記入してから、つぎの①から⑥までを記入しましょう。

①目的を書く

はじめに「目的」を考えます。あなたはなぜ、その本を選んだのか、本の表紙を見て考えましょう。書く場所は、巻末レゾナンスマップの「目的」のところ、自分で用意した紙の場合枠の一番上もしくは左上です。直接書き入れてみましょう。**だいたい2分間ぐらいでスピーディに書きましょう。**

思いつかない方は、目的を設定する際につぎのような問いかけをしてみましょう。

「なぜこの本を手に取ったのか？」

「著者がもし、目の前にいるとしたら、何を聞きたいだろうか？」

「その本を読むことで最終的に達成したいものは何か？」

「その本を読むのにどのくらいの時間をかける価値があるのか？」

「いますぐできて、効果的なノウハウとは何か？」

「私がこの本を読む目的は［　　］」

「私はこの本を読むことによって［　　］ができるようになります」

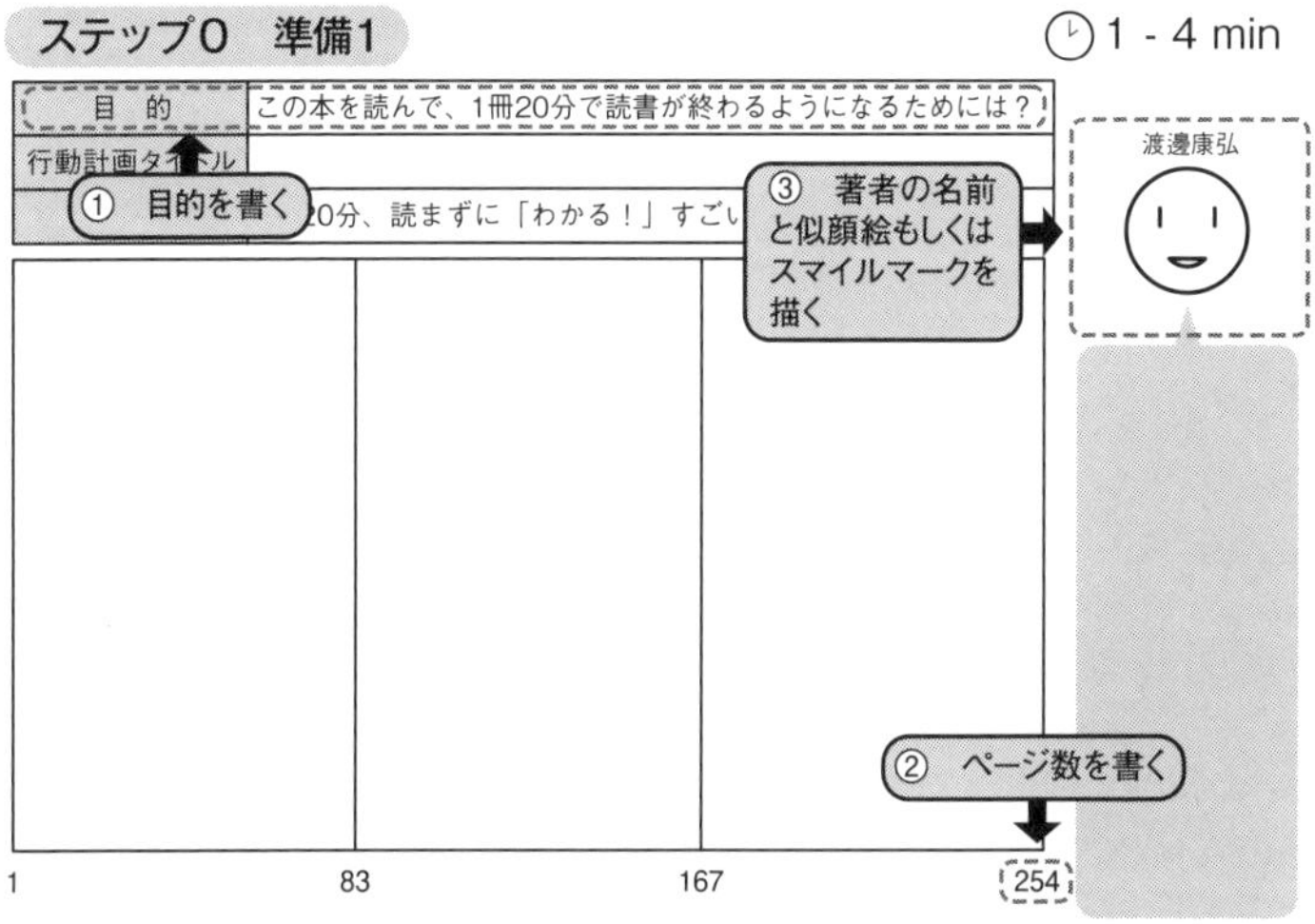

「私の□の課題を解決するために、この本から□に関するヒントを3つ得たいです」

ワンポイントアドバイス

この目的をつくる際、呼吸にフォーカスしましょう。スタンフォード大学のケリー・マクゴニカルは、**呼吸は1分間にだいたい4〜6回にすると、心拍変動が生じ、脳が意志力を発揮し学習するのに最適になる**といっています。

集中するための呼吸は、「ホォーっと口から息を吐いて、そしてゆったりとスゥーっと鼻から息を吸う」ことでしたね。読書に入る前にも必ず、ゆっくりと、ゆったりと呼吸をしていきましょう。

②ページ数を書く

つぎにページ番号を書いていきます。これから読む本の「最後のページ数」を、三幕の右下に入れます。索引なども含めて、最後のページ番号が書かれている数字を書きましょう。今度は、左下に「0」もしくは、最初のページである「1」と入れてください。だいたいでいいので、ページ番号を三等分して真ん中の2つの線の下には、その番号を記載していきます。

③著者の名前と似顔絵もしくはスマイルマークを描く

著者の似顔絵もしくはスマイルマークを三幕の右隣り上に描きます。スピーディに30秒くらいで描きます。著者の顔は、読む本の表紙に載っているほか巻末に載っている場合もあります。もし載っていたら、それを簡単でいいので描きます。載っていない場合には、丸を書いて、目を入れたシンプルなスマイルマークを描きましょう。

三幕の右隣り上に、著者の名前とスマイルマークを描いたら、そのすぐ下にセリフ

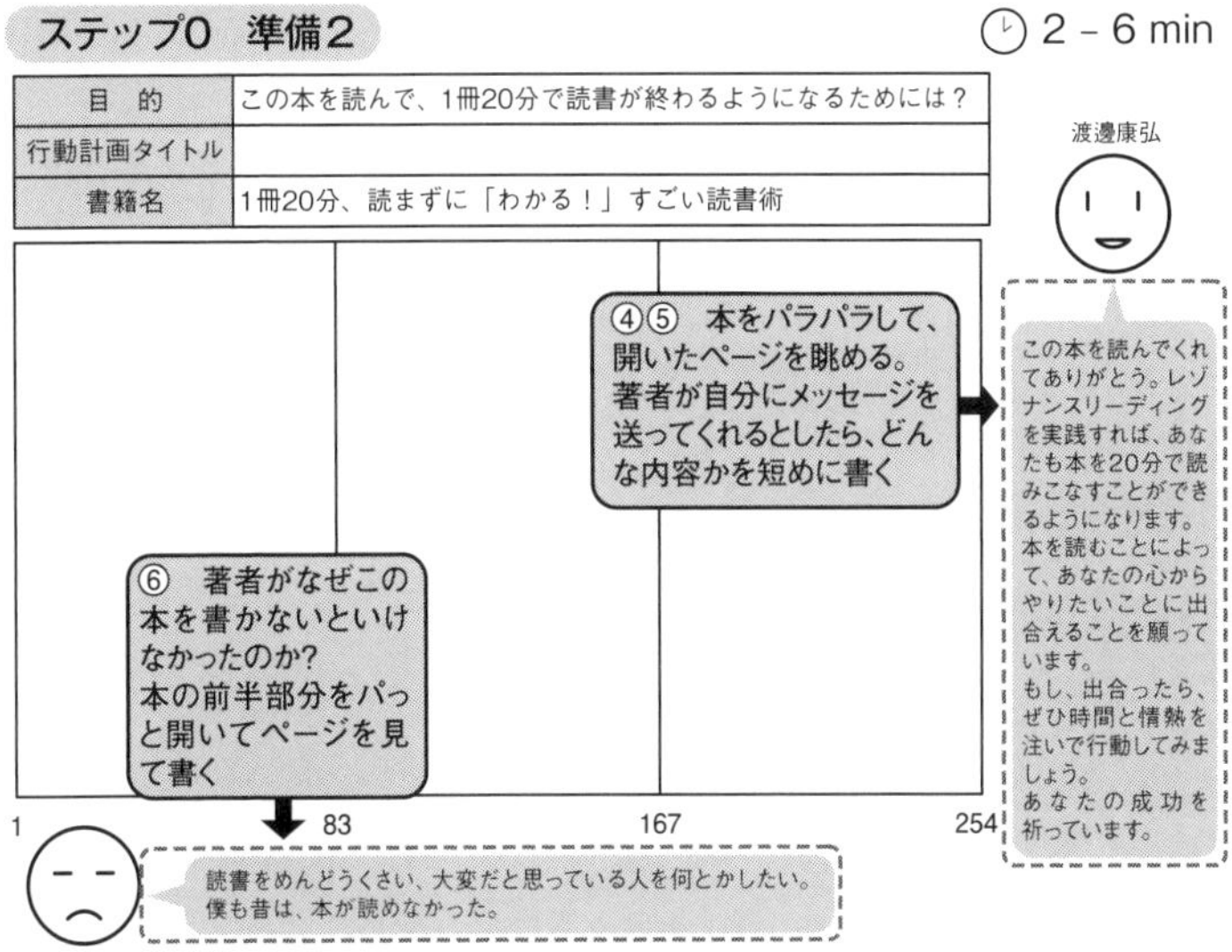

ステップ0　準備2
2－6 min
目的
この本を読んで、1冊20分で読書が終わるようになるためには？
行動計画タイトル
書籍名
1冊20分、読まずに「わかる！」すごい読書術
渡邊康弘
④⑤　本をパラパラして、開いたページを眺める。著者が自分にメッセージを送ってくれるとしたら、どんな内容かを短めに書く
この本を読んでくれてありがとう。レゾナンスリーディングを実践すれば、あなたも本を20分で読みこなすことができるようになります。本を読むことによって、あなたの心からやりたいことに出合えることを願っています。もし、出合ったら、ぜひ時間と情熱を注いで行動してみましょう。あなたの成功を祈っています。
⑥　著者がなぜこの本を書かないといけなかったのか？本の前半部分をパっと開いてページを見て書く
1
83
167
254
読書をめんどうくさい、大変だと思っている人を何とかしたい。僕も昔は、本が読めなかった。

の枠を作りましょう。

④本をパラパラして、開いたページを眺める

著者からあなたの目的に対するメッセージをもらうために、呼吸をゆったりとしながら、両目で見て、本をパラパラさせます。**パラパラは素早く、音が出るぐらいスピーディに行いましょう。**パラパラをさせていくと、本のエネルギーが体の中に交わっていく感じがするかもしれません。

⑤著者が自分にメッセージを送ってくれるとしたら、どんな内容かを短めに書く

本をパラパラさせたらいったん本を閉じます。著者からメッセージをもらいます。あなたの悩みや課題を解決するために、著者がその本のタイトルをテーマにメッセージをくれます。

パっと開いて、その見開きのページからメッセージを受け取りましょう。目に飛び込んできた一文が、著者からのあなたに対するメッセージだとしたら、どんな内容でしょうか？

どんな内容でもかまいません。その一文から思いつくままに、**著者からのメッセージを妄想してみましょう。**思いついたそのメッセージがベストです。これは違う、こういうのではないと否定せず、そのまま思いついたものを三幕の右隣り下のセリフ欄に書きましょう。

⑥著者がなぜこの本を書かないといけなかったのか？

今度は、著者がなぜこの本を書かなければいけなかったのか、その理由をさぐっていきます。三幕の下、もしくは左隣り下に、著者の顔もしくは丸顔に悲しい表情を描き、セリフスペースを作ります。

先ほどと同じように本をパラパラさせて、本のエネルギーを感じ取り、**本の前半部分をパっと開きます。**開いたページを見開きで眺め、目に飛び込んできた一文を参考に、**著者がなぜこの本を書かなければならなかったのか、その理由を想像で書きましょう。**

ここまでがステップ０　準備というところです。**だいたい3〜10分ぐらいで終わらせましょう。**

もっと時間を短くしたい場合には、ステップ0の③、④、⑤、⑥を省いてもいいです。

読書会や企業研修で行う際には、混乱を避けるためにこの部分をカットします。その理由として、著者からのメッセージ、著者がなぜこの本を書かないといけないかは、慣れるまで時間がかかるためです。ただ、著者を右側と左側に描くことで、著者をイメージしやすくなり、その本により親しみを感じられるようになります。そのため時間にほんの3〜10分余裕があるようでしたら、この**ステップ0の③、④、⑤、⑥も省かず**挑戦してみてください。

ステップ1 本をパラパラさせて情報を脳にダウンロード

つぎのステップは、本をパラパラさせることで情報を脳にダウンロードさせることです。

このパラパラの際に大切なのが目の使い方です。**目の使い方を変えることで、本の情報を潜在意識の中に取り込むことができます。**

目の使い方を変えると聞くと難しいように感じますが、すでに日常であなたもやっていることです。たとえば、美術館で絵を観《み》る際に、あなたはどんなふうにして観ますか？　そう、**絵の全体を眺めますよね。**いきなり筆のタッチや絵の具の素材といった細部までチェックする人はいないでしょう。

レゾナンスリーディングでも、いきなり細かい字を追っかけるのではなく、眺める感じでページをパラパラさせていきます。

眺める感じでページをパラパラして脳に情報を送る

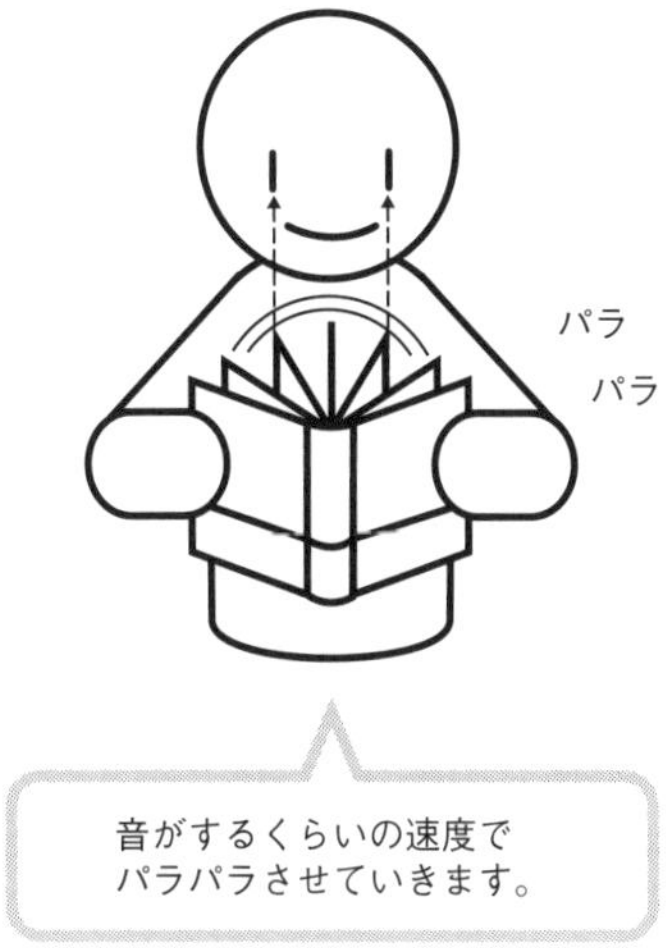
パラ
パラ
音がするくらいの速度で
パラパラさせていきます。

①本をパラパラさせる

呼吸をゆっくりとしながら、本をパラパラさせます。この際、両目で眺める感じがいいでしょう。パラパラしながら、**「この本を色で表すとしたら、何色かな」**と考えます。もし、カラーペンがお手元にあれば、その色のペンを選びます。

ワンポイントアドバイス

このパラパラをすることによって、その本に「馴染《なじ》み感」が生まれます。

パラパラをした途端に書かれている内容がわかるか？　というと、この時点の意識上では、まだわかりません。けれども、**本をパラパラさせることは、脳というスマホにアプリをインストールすることに似ています。**電源の入っていないスマホの外見上からは、誰もそこにどんな内容が入っているかはわかりません。このパラパラも同じです。だから、スマホに電源を入れ、取り込んだアプリを起動させることで、液晶上にデータを映し出す作業が必要なのです。

そのために大切なのは、情報データのインストールをしっかりと完了させること。

完了させるには、しっかりとその本のエネルギーを受け取り、紙に転写させることで

ステップ1　パラパラ　　0 - 2 min

目　的	この本を読んで、1冊20分で読書が終わるようになるためには？
行動計画タイトル	
書籍名	1冊20分、読まずに「わかる！」すごい読書術

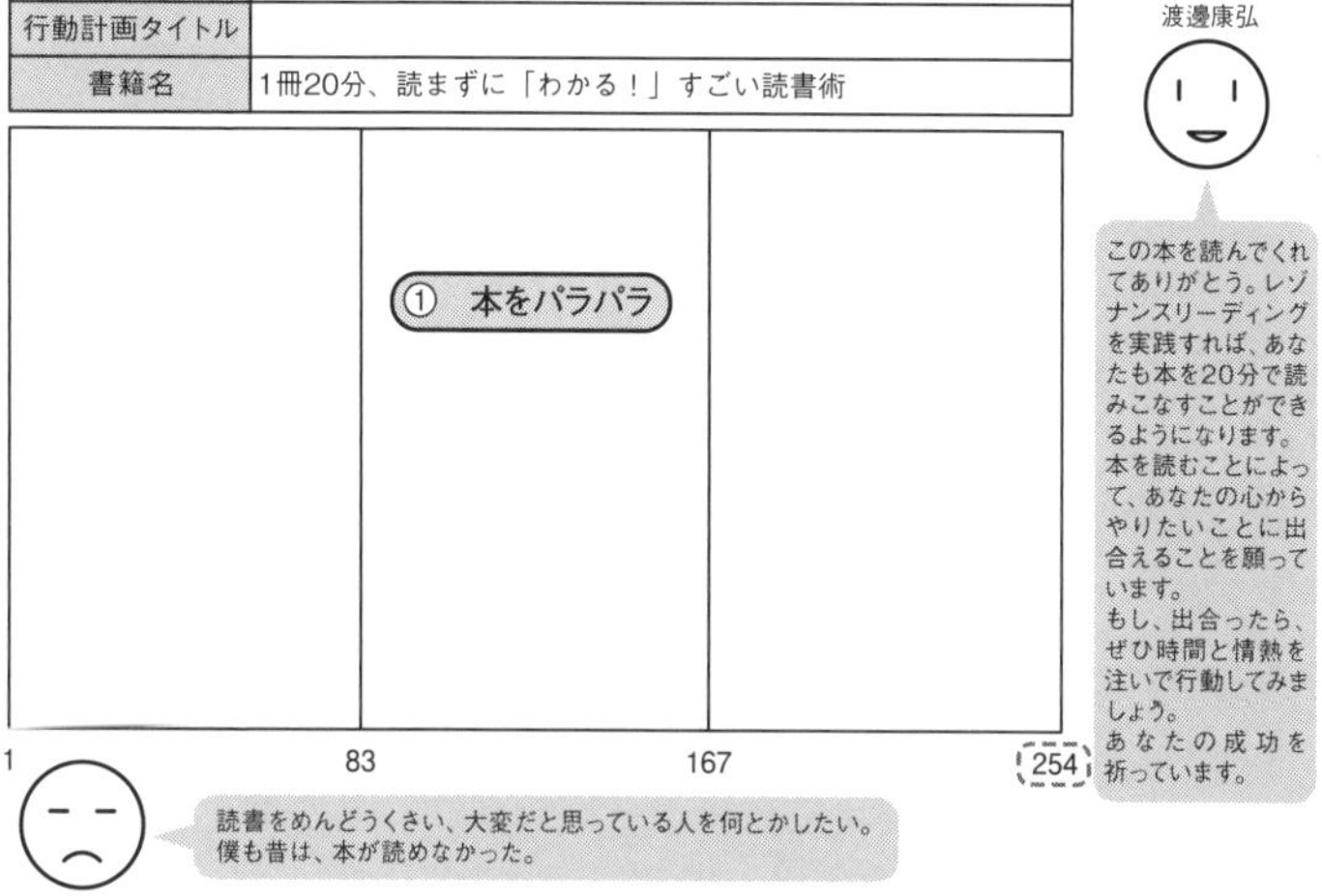
渡邊康弘
この本を読んでくれてありがとう。レゾナンスリーディングを実践すれば、あなたも本を20分で読みこなすことができるようになります。本を読むことによって、あなたの心からやりたいことに出合えることを願っています。
もし、出合ったら、ぜひ時間と情熱を注いで行動してみましょう。
あなたの成功を祈っています。
① 本をパラパラ
1
83
167
254
読書をめんどうくさい、大変だと思っている人を何とかしたい。
僕も昔は、本が読めなかった。

す。

ステップ2 3分割したマップに曲線を描く

①線を描く

本を右手で持ち、左手にペンを持ちます。本のエネルギーを感じ取り、そのエネルギーを左手で受け取り、三幕に右上から左下へと山谷がある曲線を描き、本のエネルギーを紙に転写させます。

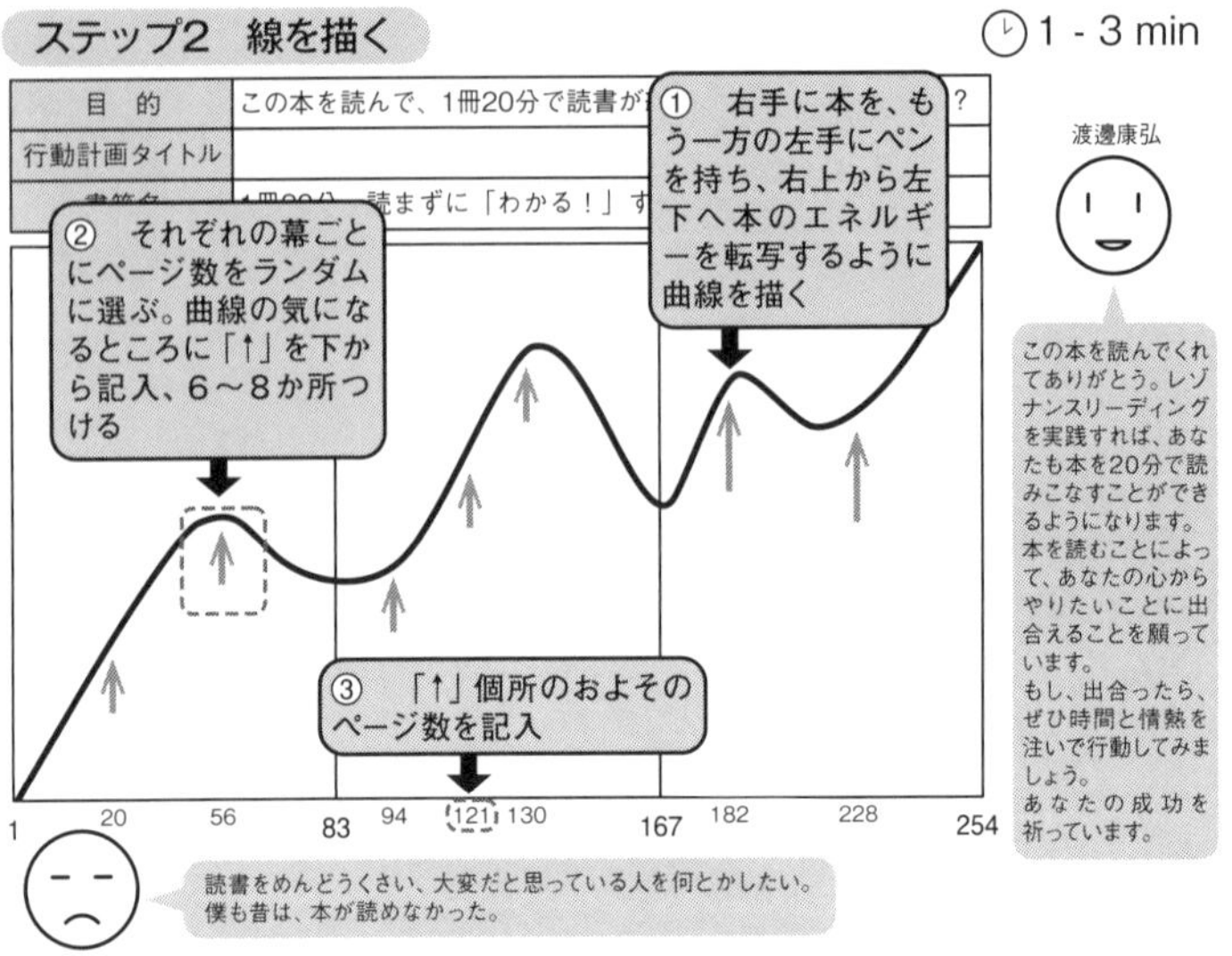

ステップ2　線を描く
1 - 3 min
目　的
この本を読んで、1冊20分で読書が
?
行動計画タイトル
1冊20分　読まずに「わかる！」す
① 右手に本を、もう一方の左手にペンを持ち、右上から左下へ本のエネルギーを転写するように曲線を描く
② それぞれの幕ごとにページ数をランダムに選ぶ。曲線の気になるところに「↑」を下から記入、6〜8か所つける
③ 「↑」個所のおよそのページ数を記入
1
20
56
83
94
121
130
167
182
228
254
渡邊康弘
この本を読んでくれてありがとう。レゾナンスリーディングを実践すれば、あなたも本を20分で読みこなすことができるようになります。本を読むことによって、あなたの心からやりたいことに出合えることを願っています。もし、出合ったら、ぜひ時間と情熱を注いで行動してみましょう。あなたの成功を祈っています。
読書をめんどうくさい、大変だと思っている人を何とかしたい。僕も昔は、本が読めなかった。

②気になる箇所に「↑」を6個以上つける

つぎに、この曲線を見て、気になる箇所に6〜8か所、「↑」をつけます。一幕から2か所ぐらいつけましょう。

③ページ数の記入

「↑」をつけたところのページ数を予測し、記入します。

その「↑」が、だいたいどのくらいのページ数なのかをスピーディに、思いついたページ数を書いていきます。ページ数は、56ページ、121ページ、228ページ……といったように、ランダムな数字でかまいません。思いついたものを

ステップ2　優先順位をつける　　1 - 3 min

目　的	この本を読んで、1冊20分で読書が終わるようになるためには？
行動計画タイトル	
書籍名	1冊20分、読まずに「わかる！」すごい読書術

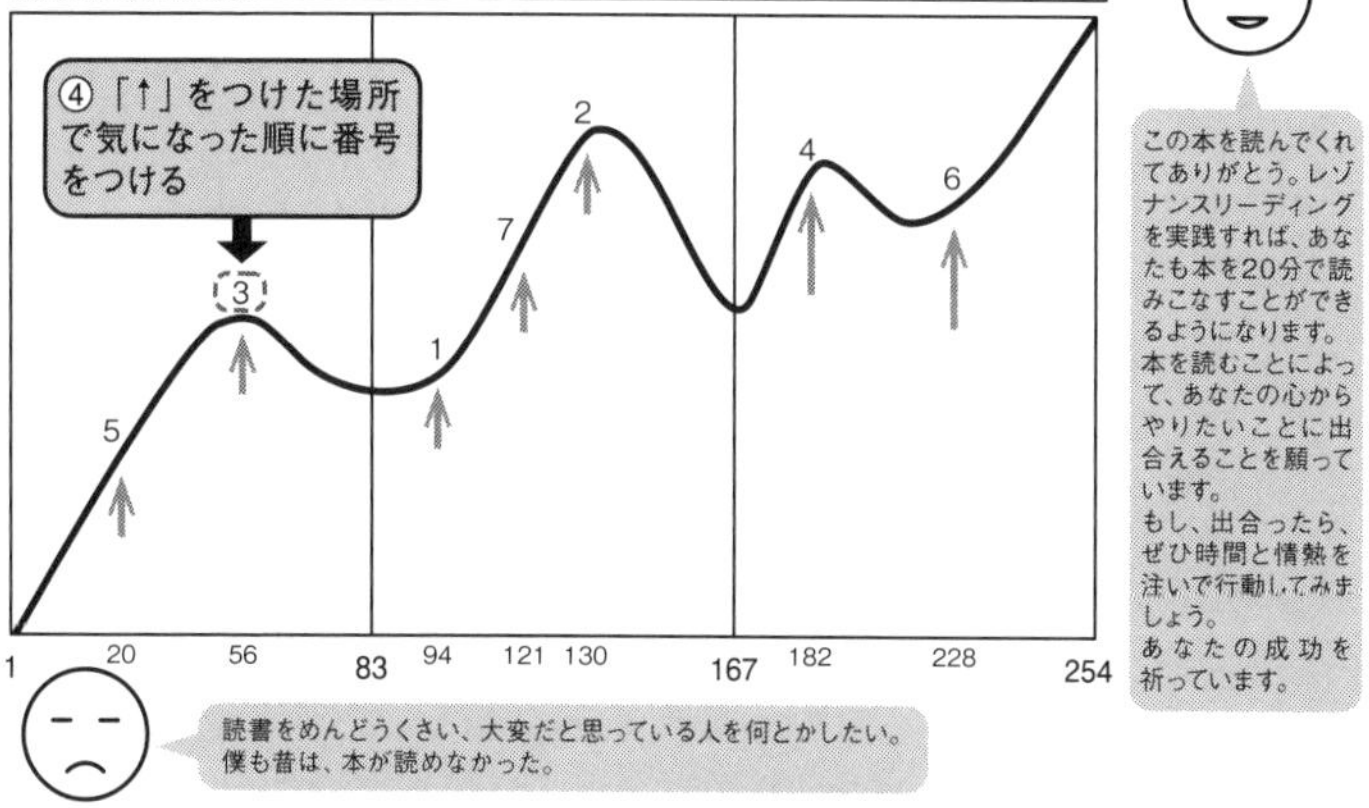

書きましょう。

④優先順位をつける

ページ数を書いたら、今度は優先順位をつけていきます。

曲線とページ数を見ながら、ここは1番目かな、2番目かなと、心が感じるままに、優先順位をつけていきます。

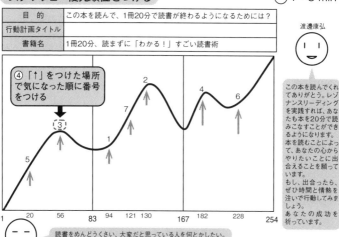

ステップ3 曲線の気になるところのページから単語を抜き出す

まず、ページを開く前に、自分がどういう目的を定めたのかレゾナンスマップ

の左上を見て、一度確認をしましょう。

①優先順位順に見開きでページを眺める

該当のページを開いたら、**見開きでそのページを眺めます。**

この際に、くれぐれも本文を読まないように。あくまで見開きページを眺めます。

②レゾナンスワードを抜き出し、マップにレゾナンスワードをメモする

読まずに眺めていて、目に飛び込んできた言葉をマップにメモします。

目に飛び込んでくる言葉は、著者とあなたとの対話のきっかけとなる言葉、「レゾナンスワード」です。より共鳴度合が高い言葉は、目に飛び込んできた瞬間に、ビビッときたり、背筋がゾクゾクしたりするかもしれません。

該当ページの見開きから、3〜4語抜き出したら、つぎの箇所に移ります。そのまま残り5〜6か所ある「↑」部分のページも同じように眺めて、言葉を抜き出していきましょう。レゾナンスワードを抜き出すのは、該当ページを開いた見開きページからです。

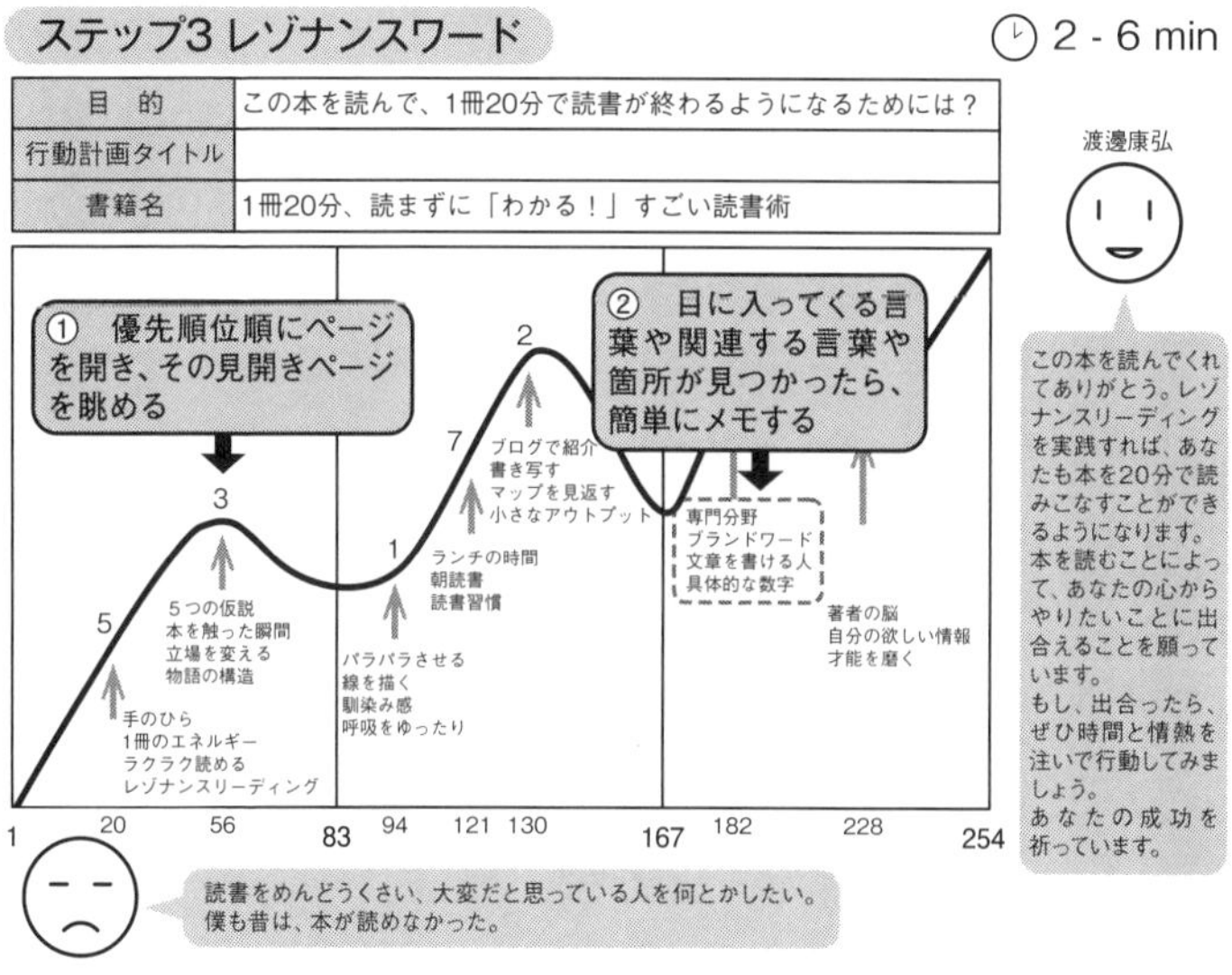
ステップ3 レゾナンスワード
2 - 6 min
目　的
この本を読んで、1冊20分で読書が終わるようになるためには？
行動計画タイトル
書籍名
1冊20分、読まずに「わかる！」すごい読書術
渡邊康弘
① 優先順位順にページを開き、その見開きページを眺める
② 目に入ってくる言葉や関連する言葉や箇所が見つかったら、簡単にメモする
手のひら
1冊のエネルギー
ラクラク読める
レゾナンスリーディング
5つの仮説
本を触った瞬間
立場を変える
物語の構造
パラパラさせる
線を描く
馴染み感
呼吸をゆったり
ランチの時間
朝読書
読書習慣
ブログで紹介
書き写す
マップを見返す
小さなアウトプット
専門分野
ブランドワード
文章を書ける人
具体的な数字
著者の脳
自分の欲しい情報
才能を磨く
5
3
1
7
2
1
20
56
83
94
121
130
167
182
228
254
この本を読んでくれてありがとう。レゾナンスリーディングを実践すれば、あなたも本を20分で読みこなすことができるようになります。本を読むことによって、あなたの心からやりたいことに出合えることを願っています。もし、出合ったら、ぜひ時間と情熱を注いで行動してみましょう。あなたの成功を祈っています。
読書をめんどうくさい、大変だと思っている人を何とかしたい。
僕も昔は、本が読めなかった。

ワンポイントアドバイス

ここでは、「これは気になる」「これは何だろう」と、自分が力を感じる「レゾナンスワード」を見つけ出す作業です。

スマホへのアプリのインストールが完了したら、そのアプリを起動させますよね。

アプリを起動させ、そのアプリで作業をするとスマホ上にデータが蓄積されていきます。

この作業は、これに似ています。

レゾナンスリーディングでは、レゾナンスマップにどんどん記載していくことで、その本の情報を脳にデータとしてどんどん蓄積することができるのです。

ステップ4 気になる単語を見つけ、問いかけながらそのページを読む

ステップ4は、「孵《ふ》化《か》」と「8分間リーディング」を行います。

その前にいったん、背伸びをしてみましょう。ぐーっと体を伸ばして、さらに深呼吸ですね。ゆったりと呼吸を2～3回しましょう。そのゆったりとした呼吸のままで、つぎの①から実践しましょう。

①レゾナンスマップを眺め、興味が湧いた点、気づいた点を見つける

レゾナンスマップを眺めたら、**ステップ3**で書き出したレゾナンスワードに注目します。そして、「著者に聞いてみたいところ」や「興味が湧いた部分」を心に問いかけながら探しましょう。

何かそのレゾナンスワードを見て気づいたことがあれば、それをレゾナンスマップ上にメモしましょう。

レゾナンスマップを眺めていると、バランスが崩れているように感じる部分がないでしょうか？　完全ではない部分。不完全な情報。

まだ言葉がただ羅列されているだけですが、**「何かを感じる部分」「何か気になる言葉」……それこそ、あなたの新しい何かをつくるカギなのです。**

②8分間リーディング（目的を達成するために、気になる箇所を読む）

①で見つけた**「何か気になる」「これはいったいどういうこと？」という箇所や部分を8分間で読みます。**

さらに、レゾナンスマップを眺めて、もっと読んでみたいところ、興味の湧いたところを読んでいきましょう。

ページ番号に縛られる必要はありません。まずは好きな読み方でどんどん読んでいきましょう。

「後で読もう」ではなく、「いますぐ読みましょう」。

ワンポイントアドバイス

ここで、目次を見てもかまいません。もし、あなたがすでに速読法や読書法を習っていたら、その手法をここで用いてもいいでしょう。斜め読みでも、飛ばし読みでも、一字一句丁寧に読んでいく方法でもかまいません。気づいた点があれば、マップにぜひメモしてみましょう。

ステップ4 孵化と読書1

8 min

目　的	この本を読んで、1冊20分で読書が終わるようになるためには？
行動計画タイトル	
書籍名	1冊20分、読まずに「わか

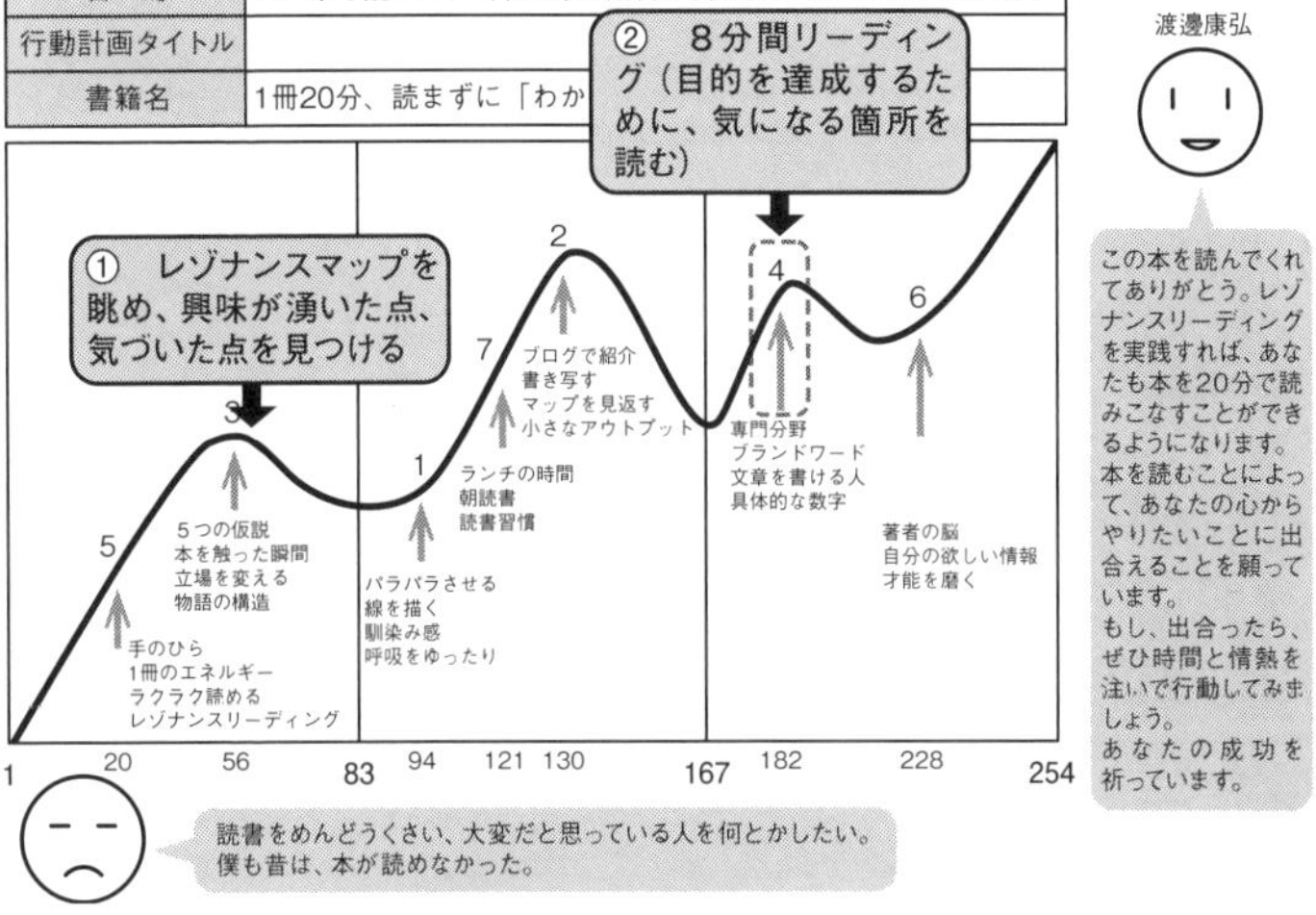

③呼吸を整え、5分間リーディング

残り後5分間しかないとしたら、**何を知ったら、あなたはこの本を読む目的を達成した状態になりますか？** それを考え、もう5分間読書をしてみましょう。

ワンポイントアドバイス

ここから、「孵化」の時間に入ります。**孵化は、インキュベート、生産的休息の時間です。** 孵化の時間は、まさにアイデアという卵が孵化していく時間です。

少なくとも、**1〜3分ほど呼吸を整えて、孵化の時間をつくりましょう。**

もちろん、ここで一晩、寝かせてもい

ステップ4 孵化と読書2

5 min

目　的	この本を読んで、1冊20分で読書が終わるようになるためには？
行動計画タイトル	
書籍名	1冊20分、読まずに「わかる！」すごい読書術

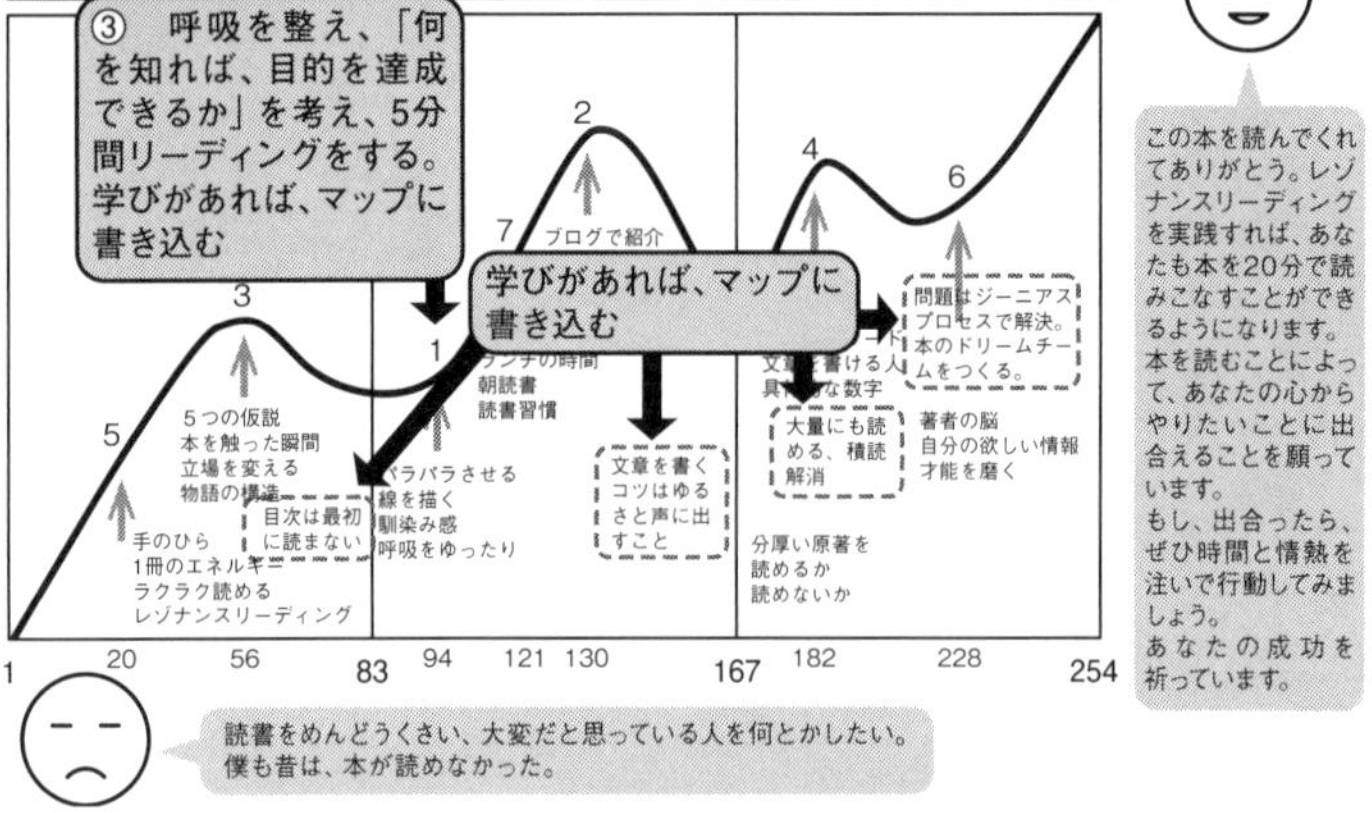

いです。

　著者に聞きたい内容が現れた瞬間に、脳は自動検索モードに入ります。

　脳は、時間を置くことによって、より精度の高い検索状態に入れます。単なる一時的な答えを見つけるのではなく、新しい発想、新しい切り口を見つけるために、脳はアイデアを結びつけようとします。つまり、時間を置くことは、パラパラして得た新しい情報と既存の知識が結びつくことをスムーズにするのです。

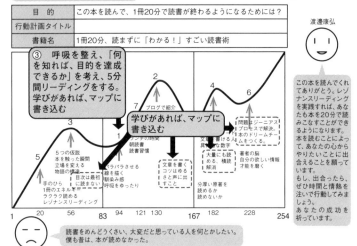

ステップ5　その本から得たアイデアを活用する行動計画をつくる

さあ、最後のステップです。レゾナンスリーディングを終える前に、必ずつぎの行動計画を「いますぐ」つくりましょう。

①行動計画をつくる

これから3分間ぐらいかけて、いまあなたが**読んだ本から得た気づきやアイデアを使って、実際にしてみたい行動を書き出します。その行動は、「1週間以内」「3か月」「1〜3年」のスパンで考え、それぞれ書き出してみましょう。**

一幕目の空いているスペースに「1週間以内」、二幕目には「3か月」、三幕目には「1〜3年」の行動計画を書きます。

ステップ5 行動計画

2 - 9 min

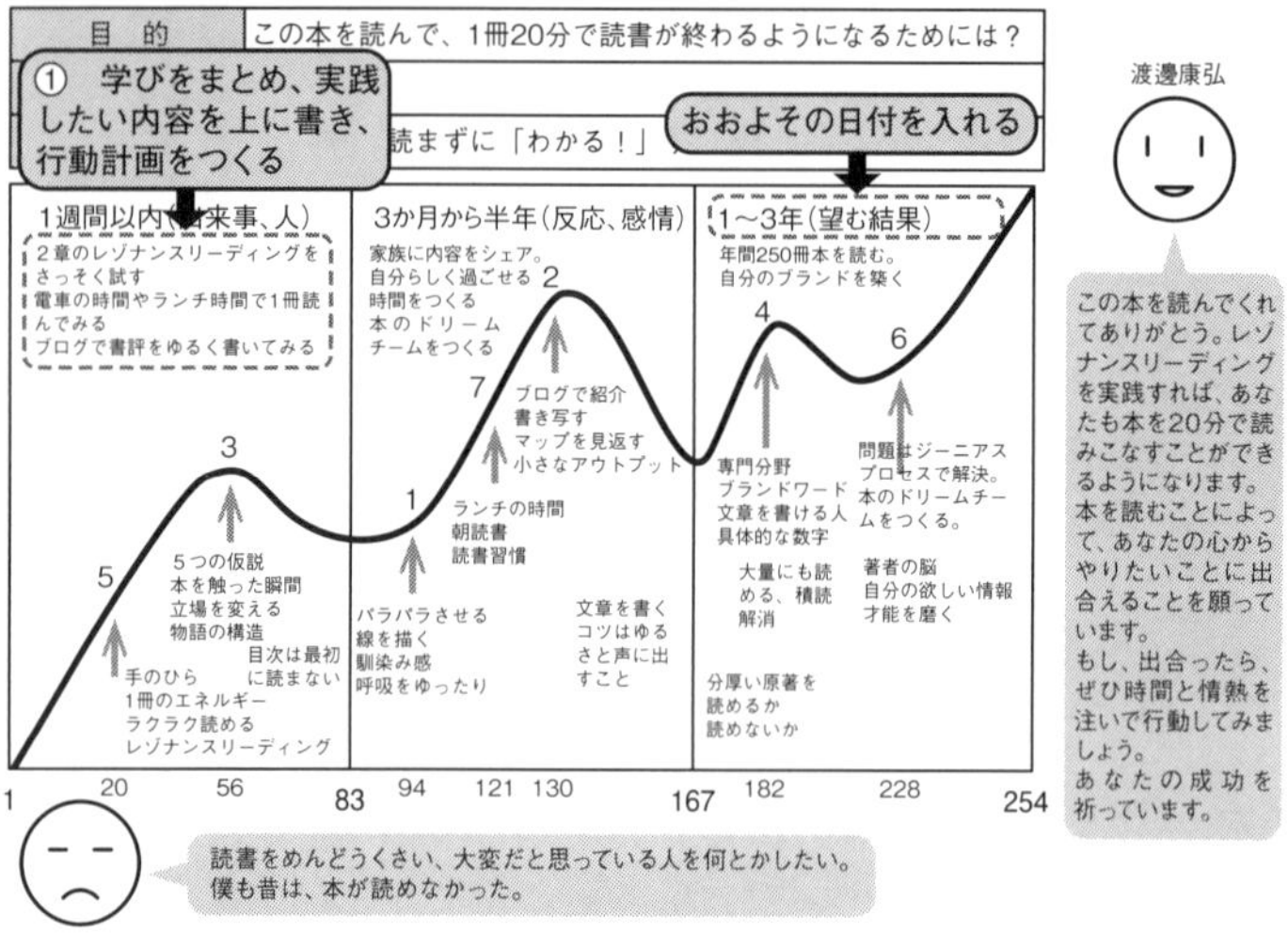

ワンポイントアドバイス

ここでは、レゾナンスマップを眺めて、本から得たアイデアで行動計画を考えます。

まず一幕目の1週間以内のポイントは、**新しい「出来事」もしくは「人に会う」予定を立てる**ことにフォーカスしてみましょう。つぎの二幕目の3か月のポイントは、**「自分の内面」と向き合う時間**を入れることです。

そして、三幕目の1〜3年は、**この1週間以内の行動計画をどれかひとつでも継続したら、どんな未来が起こるのか？**

その現実に起こりそうな、実現可能性の高い妄想を書き込んでみましょう。

もしくは、三幕目は、妄想なので、大ぼらを吹くように大きい夢を書いてみてもいいでしょう。

②タイトルをつける

最後に行動計画のタイトルをつけて終了です。

次章のアウトプットの項目でくわしく説明しますが、とにかく行動計画を立てましょう。人間はどんな素晴らしい提案であっても、後回しにしてしまいがちです。「忙しいから」「後でいいや」と思ってしまうのです。

だけど、「いますぐ」このレゾナンスマップに、具体的な行動計画を記載することがあなたの日常に変化をもたらします。**48時間以内から、遅くとも3週間以内にその行動計画に書かれたことが自動的に起こってしまう**のです。とにかく、「いますぐ」行動計画を立てましょう。

ステップ5 行動計画2

0 - 3 min

目　的	この本を読んで、1冊20分で読書が終わるようになるためには？
行動計画タイトル	読書習慣が身につく22日間
書籍名	1冊20分、読まずに「わかる！」すごい読書術

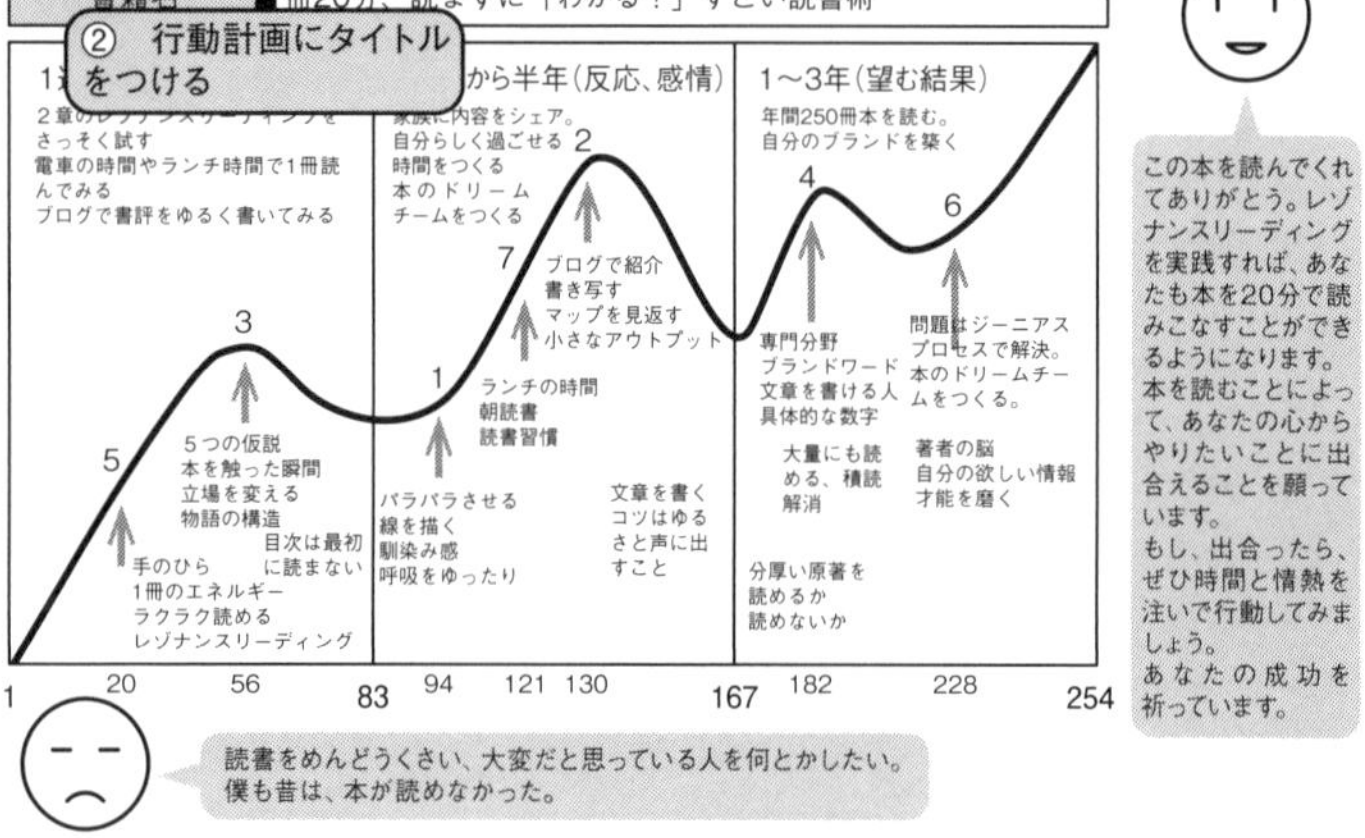

② 行動計画にタイトルをつける
2章の
さっそく試す
電車の時間やランチ時間で1冊読んでみる
ブログで書評をゆるく書いてみる
から半年(反応、感情)
家族に内容をシェア。
自分らしく過ごせる時間をつくる
本のドリームチームをつくる
1〜3年(望む結果)
年間250冊本を読む。
自分のブランドを築く
5
手のひら
1冊のエネルギー
ラクラク読める
レゾナンスリーディング
3
5つの仮説
本を触った瞬間
立場を変える
物語の構造
目次は最初に読まない
1
パラパラさせる
線を描く
馴染み感
呼吸をゆったり
ランチの時間
朝読書
読書習慣
7
ブログで紹介
書き写す
マップを見返す
小さなアウトプット
2
文章を書くコツはゆるさと声に出すこと
4
専門分野
ブランドワード
文章を書ける人
具体的な数字
大量にも読める、積読解消
分厚い原著を読めるか読めないか
6
問題はジーニアスプロセスで解決。
本のドリームチームをつくる。
著者の脳
自分の欲しい情報
才能を磨く
1
20
56
83
94
121
130
167
182
228
254
読書をめんどうくさい、大変だと思っている人を何とかしたい。僕も昔は、本が読めなかった。
渡邊康弘
この本を読んでくれてありがとう。レゾナンスリーディングを実践すれば、あなたも本を20分で読みこなすことができるようになります。本を読むことによって、あなたの心からやりたいことに出合えることを願っています。もし、出合ったら、ぜひ時間と情熱を注いで行動してみましょう。あなたの成功を祈っています。

よくある質問・レゾナンスリーディングQ＆A

いかがでしょうか？　レゾナンスリーディングはうまくいきましたか？
この章の最後に、よく寄せられる質問をまとめました。参考にしてください。

Q
どのくらいの冊数を読めば、レゾナンスリーディングの効果を実感したり、この手法に慣れたと感じたりしますか？

A
早い人で1冊読んだだけでも変わるという報告を受けています。**平均2～4冊ぐらいで変化を感じ、10冊以内でこの読書法に慣れます。**
10冊を超えたところから、さらに効果を実感したという報告も多く上がってきています。

Q **ステップ3**で空白が出ました。これはどういうことでしょう?

A 空白ページが出ることは、**あなたとその本との縁が深い**ととらえています。確率論からしても、何十ページに1ページの割合しか、空白は入っていません。空白ページが出るということは、**その本というテーマに著者と語り切れないほどの内容があると**とられてみるとよいでしょう。

Q **ステップ3**で写真や図だけのページが出てきました。どうしたらいいでしょう?

A 字の成り立ちを考えると、出来事を記録する絵が簡略化されて字が誕生しました。そのため、写真や図も字と同じ扱いでよいです。
つまり、その写真や図のページの中で、目に飛び込んできた写真や図、またその一部を、レゾナンスマップに字と同じように描きます。もちろん、写真や図がそれだけのページではなく、本文の一部にあるケースもあります。その場合も、字と同じようにその写真と図が目に飛び込んでくるようであれば、それをレゾナンスマップに描いてください。

Q いつも同じようなラインになりますが、これはどういうことでしょうか？

A その本と、あなたのつくる目的によって、ラインの波が生まれます。つまり、何度も同じようなラインが出るということは、解決すべき課題があるということです。同じ本でも、目的をまったく違うものにすると、ラインの形もいつもと違ったものになります。

Q **ステップ3**のレゾナンスワードで、太字や大きい文字が目に入ってきます。これでいいのでしょうか？

A レゾナンスリーディングをはじめたばかりの場合、比較的、太字や大きい文字が目に入りやすいです。もちろん、太字や大きい文字が目に入るのであれば、それをレゾナンスマップに書き移しましょう。太字や大きい文字は著者（やつくり手）の意図ですので、太字や大きい文字だけでなく、**その周りにある言葉や違う言葉が目に飛び込んでこないか確かめてみましょう。**きっと、他にも飛び込んでくる言葉があるはずです。

Q 20分以内で読むことができません。むしろ、この読書法をするともっと読みたい部分が出てきて、読み終わるのに何時間もかかってしまいます。

A いい傾向ですね。レゾナンスリーディングを学んだ人の多くが、経験することです。もし、20分以上かかる場合には、**「後どれくらいの時間があれば、この本は読んだといえるか」考えてみましょう。**

おそらく、20分の段階でもう後ほんの数分から何十分かで充分と感じていないでしょうか？　これまでに、レゾナンスリーディングを学んだ人の多くが、だいたい追加で10分ぐらいあれば、たいていの本はもう読まなくてもよいと話しています。

また、この20分の段階で、その本が人生を変えるような重大なものだと気づくケースもあります。この場合には、何も20分という限られた目安の時間に縛られることなく、大量の時間をかけてもよいのです。だって、人生を変えるような重要な本ですから。ただし、ここで気をつけることがあります。たとえば、後2時間は追加したいという場合、レゾナンスリーディングでは、もう5〜6冊は違う本を読むことができます。同じ分野の違う本を読むことで、よりその分野にくわしくなることができます。

ですから、**もし後2時間使うのであれば、まず1時間かけて同じ分野の違う本を3冊レゾナンスリーディングで読みましょう。**そこから、再度最初の本に戻り、残りの時間を使ってみると、理解度が上がり時間も効率的に活用することができます。

Q　小説もこのレゾナンスリーディングで読めますか？

A もちろん、レゾナンスリーディングは小説にも対応した読書法なので、小説も読めます。ただし、**小説の独特の文体を最初のページから楽しみたい方には、あまりおすすめはしません。**

レゾナンスリーディングで、小説を読むと、著者がその小説をつくるときに考えた、物語の構造が浮き彫りになります。そして、三幕という物語の構造と、ラインという物語の展開が見えるので、著者が意図したことがわかるようになります。

つまり、**あなたが小説家になりたい場合には、このレゾナンスリーディングを試すことで著者と同じ視点を手に入れることができます。**

もちろん、その小説の文体を楽しまなくていいのであれば、単純にレゾナンスリーディングをするだけで、いつもより速く、理解度も高く物語の内容をつかむことができます。

Q キンドルのような電子書籍でもできますか？

A もちろんできます。僕は、洋書を読む際にキンドルでレゾナンスリーディングをしています。やり方が違う部分は、パラパラがキンドルではできないことと、ページ番号がないときには、何千だったり、何万だったりという「位置番号」があるぐらいです。

パラパラはできないので、スクロールをスピーディに行ったり、ページをタップしたりしながら、ページをめくっていきます。

キンドルではページ番号がないので、その代わりに位置番号を使います。位置番号は、キンドルのメニューの「位置」というボタンを使うことで、その位置のページを開くことができます。

3章

どこでもサクッと読めて、内容も忘れないから読書習慣が身につく

電車の中だって1冊読み終わる!

これまでまったく読書習慣がなかった方が、レゾナンスリーディングをすることで読書を続けることができている。こうしたうれしいご報告をよくいただきます。

1冊1か月かかっていた読書が、紙1枚使うことで20～30分で終わるのですから、ちょっとしたスキマ時間に読書することができ、続けることができるのです。

「朝の時間」

「電車に乗っている時間」

「ランチの時間」

「つぎの打ち合わせまでのちょっとした空いた時間」

こうした、ちょっとしたスキマ時間を生産的な時間に変えることができるのです。

僕は、会社勤めをしていたころ、こうしたスキマ時間に読書をしていました。

付せんを使って電車の待ち時間でもレゾナンスリーディング

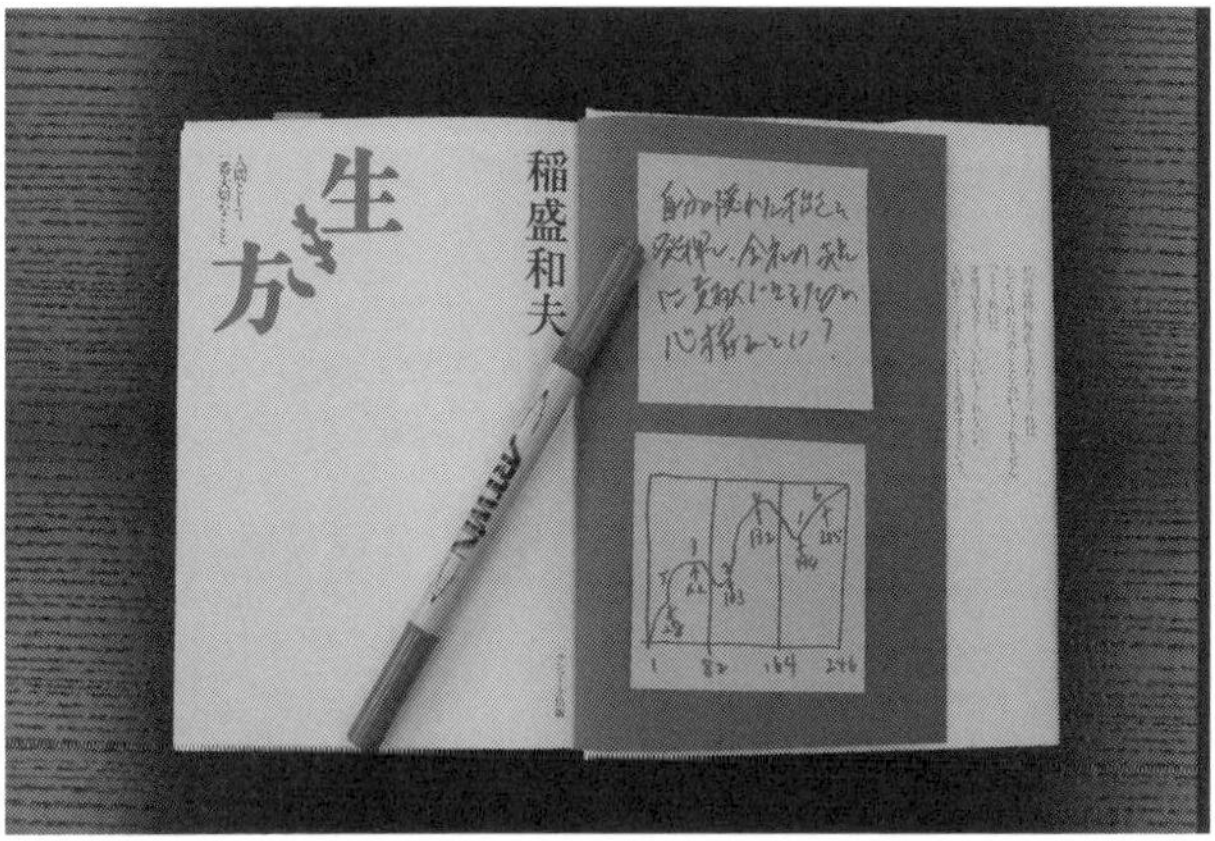

とくに、電車の中での読書。これが日課でした。横浜市と東京の渋谷区とを結ぶ、田園都市線の電車の中でよく読書したものです。

電車の中でレゾナンスリーディングを試してみたい方におすすめの方法があります。

電車に乗る前のホームで待っている間に「三幕」を書きます。

三幕は、正方形の付せんを持ち歩き、そこに書きます。

もしくは、本の中表紙に直接書いてもよいでしょう。

三幕を書いた付せんとは別のもう1枚の付せんに目的を書きます。後はパラパラして、曲線を引いて、ページ番号を拾うだけ。

電車に乗り込んだら、ページを拾ったそのページを開いて、いつものように眺めて気になるところを読んでいきます。

これだけで乗車時間、20分もあれば、だいたい1冊の本を読み終わります。

ランチ時間の読書で年間250冊！

電車に続いて活用したい時間はランチ時間です。ランチはちょっとした自由時間。本を読むことが習慣化すると、食の欲求から、知的欲求を満たす時間へと変わります。「今日はイタリアン、中華、和食、フレンチ……何を食べようかな？」というように「何を」食べようかだけではなく、「どこで」が加わります。「落ち着いた雰囲気」「太陽の光が差し込むテラス」「景色が見渡せる大きな窓のある高層のお店」など、読書を集中して行える場所が選択肢に加わるようになります。

ランチ時間にも、レゾナンスリーディングの通常ステップで、20分で1冊読めます。

それでは、ランチ時間を活用し読書習慣が身についた事例を見ていきましょう。

システムエンジニアの棚谷元樹さんは、これまで読書を習慣化したいと思っていました。そこで、速読講座を受けるものの、なかなか習慣化できなかったそうです。

しかし、レゾナンスリーディングの講座を受講して以来、ランチ時間を活用して読書を習慣化することができたそうです。

毎日、会社のお昼休みに20分レゾナンスリーディングをすることを続けた結果、何と**1年間に250冊もの本を読むことができた**そうです。

そして、これまでの分野に加えて新しい分野も読めるようになり、部下や同僚と本の内容をシェアできるようになったそうです。

ランチ時間でレゾナンスリーディングをやるコツは以下の通りです。

・ひとりの時間をつくる

・読書するときの音楽を決める
・ノイズキャンセリングのイヤホンを用意する
・お気に入りノートや、付せんを用意する
・「20分だけ」など制限時間をつくる

同僚とのランチも楽しいですが、やはり読書をする際には、ひとりのランチ時間をつくりましょう。

スキマ時間により集中するために、読書用の音楽を流しながら行うことをおすすめします。音楽は、リラクゼーション系の音楽。海のさざなみや、川のせせらぎなど、自然の音が入ったものがおすすめです。そうした音楽は、普通の音楽よりも、イヤホンをしていても、外の音が聞こえてきます。

さらに集中したい人は、ノイズキャンセリングのイヤホンがおすすめ。とくに、BOSEの「クワイアットコンフォート20 アコースティック ノイズキャンセリング ヘッドホン」は、軽くてノイズキャンセリング度が高くおすすめです。

あなたの朝読書が子どもに読書習慣をつくる

ランチに続いて活用したい時間、それは朝の出勤前の30分です。

朝の出勤前は、家の掃除に、洗濯物を干し、スーツにアイロンをかけ、朝ごはんを作り……とやることが多いのですが、少し早く起きて、朝読書をするとこんないいことがあります。つぎの例を見ていきましょう。

大阪に住んでいる村上英範さんは、朝の出勤前に30分、時間をとって、1冊レゾナンスリーディングをします。朝の利点は、頭がスッキリしていること。移動中の読書のスピードが加速することだそうです。

ノートに描いたマップを写真に撮り、「Evernote（エバーノート）」に保管。自分なりの一文を加えます。もっと読みたい本や論理展開を理解したい本は通勤電車の30分でノート画像を見返しながら、必要箇所を読み込んでいるそうです。

こうした**朝の習慣が、仕事の変化につながっている**とのことです。村上さんは、会社内に、ビジネス書の読書レビューを公開するＳＮＳ（ソーシャル・ネットワーキング・サービス）を立ち上げ、簡単なレビューを投稿するように。さらに、社内発表する際、自分なりの視点やアイデアをつくれるようになり、オリジナルの言葉で表現しやすくなったそうです。

何より、朝読書をするようになってよかったことは、起床してきた子どもたちが、**「パパ、朝から勉強がんばっているんだね！」**と言ってくれることにあるそうです。自分の努力している姿勢が少しでも、子どもたちに伝われればと朝読書の習慣が続いているそうです。

親の勉強している姿は子どもに大きな影響を与えます。

２００９年に、財団法人出版文化産業振興財団が発表した『現代人の読書実態調査』によれば、**親が読書をするほど子どもは読書「好き」の傾向にある**と発表しています。あまり読書をしない家庭で育った子よりも、読書をする家庭で育った子の方が、読書を好きになる傾向が20％も高いそうです。

また、この調査によれば、家庭に自分が使用する本棚がある子どもは読書「好き」な傾向にあるとも発表されています。

あなたが読書をすることは、けっしてあなたのためだけでなくその姿が周りに影響を与えています。

あなたはもしかするとまだ、読書が苦手かもしれません。しかし、読書が苦手でも、読書をしている姿が、子どもたちを読書好きにするきっかけをつくるのです。苦手でもいいから、まずは子どもの前で読書をしてみませんか？

実際にレゾナンスリーディングで本を読む習慣ができて、子どもも本を読むようになったという報告があります。

先ほどのランチ時間を活用している棚谷さんも、いまではお子様と1か月に何冊読んだのか競争されているそうです。何だか、微笑《ほほえ》ましいですね。

読んだことを忘れないためにはどうすればいいのか？

よい本を読み終えた後の高揚感。何だかワクワクして、「よし明日からさっそくやろう」と、せっかく思ったのにしばらくすると、

「本を読み終えたけれど、内容を覚えていない」

「何かを学んだはずなのに、何も思い出せない」

こんなふうに思うことはありませんか？

読書した内容を忘れずに、定着させるのには、やはりアウトプットは大切です。

じつは、レゾナンスリーディングはただインプットをするだけでなく、**同時にほんの少しのアウトプットを行っている読書法**です。

だから、レゾナンスマップをただ見るだけでも、読んだことがよみがえり、あなたのつぎの行動のヒントが見えてきます。

例をご紹介しましょう。金沢で「歴活」という歴史の朝活を主催している安藤竜さん。安藤さんはこのレゾナンスリーディングを学んだことで、**毎週新しいテーマで話すための準備が楽になった**といいます。これまで準備にかけていた時間の、何と半分の時間で済むようになったそうです。

レゾナンスリーディングはただインプットをするだけでなく、すぐにアウトプットができるのが魅力と話す安藤さん。

レゾナンスリーディングで得た知識をもとに行動した結果、大手流通会社のマネジャーという職を辞めて、独立。「歴活」をライフワークに活動し、地域新聞にも取り上げられるようになったそうです。

このように、レゾナンスリーディングを学び、読書から得た知識を実践することによって、いくつもの人生が変わった事例があります。

それでは、具体的な事例を交えながら、レゾナンスリーディング実践後のアウトプット法についてお話ししていきましょう。

こんな小さなアウトプットで、もう忘れない！

インプットをしただけで終わる読書よりも、少しでもアウトプットをすれば、記憶に残ります。

アウトプットは、ほんの小さなことでいいのです。ほんの小さなアウトプットをするだけで、脳における存在感は充分です。

読んだ内容を忘れないためにアウトプットをするときに、とても大事なことがあります。

それは、「ゆるさ」です。読書は数を重ねるほどに、**余裕や抜けといった感覚があった方が忘れにくくなります。**

「覚えたい」「忘れないようにしないと」「上司や友人に内容について聞かれたら困る」。そういった**過度なプレッシャーやストレスが心の余裕を失わせます。**このことは学習能力を一気に低下させてしまいます。

脳には、安全性や生理的欲求に大きく影響を受ける箇所があります。「覚えたい」「忘れないようにしないと」「上司や友人に内容について聞かれたら困る」など、過度のプレッシャーを受けると途端に収縮してしまい、活動しなくなってしまいます。

だから、「失敗しても何とかなりそう」「大丈夫、きっとうまくいく！」「何かいい感じがする」。こうした心に〝ゆるさ〟をもたらすほんの少しの余裕があると、**脳は「安全だ」「生きていける」と感じ、元の活動的な状態になります。**

大切なのは、アウトプットするときの力の抜き具合を知ることです。**こんな小さなことでも、行ってみると変わるんだと実感することが大切**なのです。それさえできれば、自由自在に読書をもっと楽しむことができます。

これまでにレゾナンスリーディングを受講された方はこんな小さなアウトプットからはじめています。

・誰かに本の内容を話してみる
・写メで表紙とマップを撮って、ＳＮＳで一言コメントする

・本に挟まっていた愛読者ハガキに感想を書いて送る
・ブログで簡単に紹介する
・描いたレゾナンスマップをただ見返してみる
・気になった部分を書き写してみる
・本に書いてあったことをさっそく実践してみる
・パラパラしていつもより早く寝る

こんな小さなアウトプットでいいのです。

それを行うだけで、いくつも日常が変化していきます。

小さなアウトプットに、他者からのちょっとしたフィードバックをもらえるものがあるとよいでしょう。アウトプットし、フィードバックを受けると、脳の「社会性」や「承認欲求」と結びついている部位が活性化します。すると、記憶を処理して、長期的に保存してくれる「海馬」や感情を受けもつ「扁桃核《へんとうかく》」が活動的になります。そのため、記憶に残りやすくなるのです。

それでは、いくつか小さな行動をした結果、変化があった例をご紹介しましょう。

なぜ、レゾナンスマップを見返すだけで瞬時に思い出すことができるのか？

「読書を終えた後、ちゃんと覚えていたい人」「記憶したい人」におすすめなのが、自分で描いたレゾナンスマップを見返してみることです。

中小企業診断士の岡田明穂さんは、レゾナンスリーディングを行うことにより、読む時間が圧倒的に短くなったそうです。ただそれだけでなく、**内容を理解する力も圧倒的に上がった**そうです。

何より、読んだときのプロセスがレゾナンスマップに残っていることがよかったといいます。その理由は、**レゾナンスマップを見返すだけで、簡単にその本の内容を振り返ることができ、その本からの学びが深く刻み込まれる**から。もう、以前の読み方はできなくなったそうです。

『ニューヨーク・タイムズ』のサイエンスレポーター、ベネディクト・キャリーが書いた『脳が認める勉強法』によれば、学習を記憶に残るようにするには、つぎの特徴があるそうです。

・「分散学習」をすること。一夜漬けをせず、何度かに分けて学ぶ
・「アプローチを変えて学習」する。反復学習はNG。あの手この手で変化をつけた学習をする
・思い出したかったら、「強い手がかり」を残す

レゾナンスリーディングは、まさにこれらを満たしている読書法かつ学習法です。レゾナンスリーディングのステップを通して、「分散学習」をしています。著者の立場、ラインなど「アプローチを変えて」読んでいます。レゾナンスマップという「強い手がかり」が残っているので、それを見返すだけで、読んだときの気持ちからなる記憶を思い出すことができます。

とくにその本の内容を、しっかりと覚えたい場合には、まずはレゾナンスリーディ

ングをしたレゾナンスマップを見ましょう。

さらに、スマホやケータイのカメラ機能でそのマップを撮ることによって、いつでも、そのマップを見返すことができます。

記憶が定着するだけではない！人に感想を話すすごい効果

僕が読書を続けるきっかけになったのは、友人との会話です。

大学からの帰り道の渋谷駅までの10分。毎回友人に、今日読んだ本の内容を話しつづけたことが、いつしか本を読む習慣につながっていました。

最初はちょっと勇気がいります。「おこがましい」なんて思ったけれど、幸運なことに友人もその会話の内容を喜んでくれたのです。自分は本を読んで、誰かとシェアすることができている。**この小さな成功体験が、読書を苦手なものから好きで得意なものへと変えてくれた**のです。

そして、そのほんの少しの会話が盛り上がり、学びの場ができました。最初はひとりだったのが、2人、3人と増え、サークルができ、勉強会のグループができました。さらに、**この勉強会グループからは続々と転部合格者や奨学金をもらう人が現れました。**この成功体験の連鎖が、社会人になっても僕の心に残り、学びの場をつくりつづけたいという想《おも》いにつながっています。

本を読んだら、必ず誰かに話すことが記憶の定着のコツです。

そして、**その内容に一言でいいので質問やフィードバックをもらいましょう。**こうした小さな一歩があなたの人生を変えます。

「本当にそれだけで変わるの？」と思われるかもしれません。

例をご紹介しましょう。

地方の出版社で企画営業部部長をしている山川祐樹さんは、レゾナンスリーディングを受講して、奥さんとの会話が劇的に変わったそうです。

以前は、本を読んでも、本の内容を思い出せなかったり、うまく伝えられなかったりしたそうです。

しかし受講後は、奥さんに、スラスラと普段出てこないような説明ができるようになったといいます。さらに、奥さんの悩んでいることに対する回答が出てくることに気づいたそうです。

　これまでは、自分だけの読書であったのが、**他人のために読むという視点も加わったため、いま欲しい答えへとつながる文章に出合うことが多くなった**というのです。

　次第に、これまで読んでみたかったけれど、とっつきにくく読めなかった脳科学や認知科学などの本に挑戦するようになり、読書の幅が広がったそうです。

　いままでは仕事とは直接関係ない本からも、仕事や人生のヒントを得るようになり、読書だけでなく仕事と人生の幅も広がったといいます。

　自分だけの読書でなく、誰かのために読む。そして、その内容を人とシェアする視点が、あなたの読書の幅、そして、人生の幅を広げることにつながります。

　さらに読書習慣が身につき、毎年１００冊以上本を読みこなせるようになると、相手の悩みを聞いて、あの本がこの人に合っていると、その本の内容を瞬時に思い出すことができます。

　なぜ、簡単に思い出すことができるかというと、それは自分のためだけでなく、誰かの役に立つのではという視点で読んでいるからです。

レゾナンスリーディングをやっていると、「この本の内容は誰に伝えたら、一番喜んでくれるかな？」と考えるようになり、伝えたい人の顔が浮かぶのです。

自分とは違う相手を考えることで、脳はそのことを大切なこととして記憶します。

つまり、脳に粘りつくのです。「この項目を覚えていなきゃ」「この著者の論点をしっかりと精確に一字一句覚えていなきゃ」とならずに、自然と内容を覚えることができるのです。

あなたが今日読んだ本の内容は、誰に伝えたらいいですか？

パートナー？　親友？　兄弟、姉妹？　両親？　同僚？　部下、上司？　その相手のことを思い浮かべてレゾナンスマップを見てみましょう。

マップを眺めて、3分ぐらいで話すとしたら、どんな内容になるのか少し考えてみてください。

そして、いますぐ、その相手にメールやメッセージを送ってみましょう。

シェアするときは、自分の感動ポイントから伝える

それでは、相手に伝わる話すポイントをお伝えしましょう。

話すポイントは、書評を書くのと似ています。読書について話す中で必ず押さえないといけない重要なポイントは3つあります。

・著者の名前、タイトル
・著者の論点
・自分の感動した点

これだけ押さえれば、だいたい3分ぐらいで相手に1冊の本を紹介できるようになります。しかし、人に話すのが苦手という人は多いようです。

次のポイントを押さえて話しましょう。

まずはステップ1、慣れてきたらステップ2を意識して、最終的にはステップ3まで押さえて伝えるのがおすすめです。

相手に伝わる3ステップ

ステップ1　本を読んで自分の感動した点から話す
ステップ2　相手が知ったら、「得する」「悩みが解決するヒントになる」ことを伝える
ステップ3　相手の悩みや課題を、「本が解決できないか」または「解決のヒントにならないか」と考え、伝える

これだけ？　と思われるかもしれませんが、まずはこれらのポイントから相手に伝えてみましょう。

「いいね！」も増えるSNSでの書評がラクラク書ける

読書をしたらブログやツイッターなどのSNSで紹介をしたい。そう思う方も多いと思います。

レゾナンスリーディングをして、文章がスムーズにかけるようになった事例をご紹介しましょう。

大阪を中心に全国でブログやWEBライティングの講座を開催し、親指シフトのorzレイアウト開発者として有名な大東信仁さんは、**レゾナンスリーディングで読むと、いままでとはまったく異なる感覚で書評が書ける**と言います。

これまで一方的だった読書が、レゾナンスリーディングだと著者に、疑問や質問を直接投げかける感覚が起こります。

まるで本と会話しているような体験で、通常の読書より短い時間ですみ、理解が早いと言います。それも「ただ覚える」のではなく、理解しているので、脳によりよく定着するようになったといいます。

しかも、紙1枚へのアウトプットも同時に進行し、**書評の下書きができあがっているので、**書評を書くのも楽になったそうです。

大東さんは、**脳の中に有機的に知識が構築されていくような感覚がすると**言っています。

ブログで本を紹介する際に、ブログの読者と本を書いた著者を結ぶストーリーができあがっているため、**ブログの読者の反応も以前よりよくなった**そうです。

書評を書くときに大切なのは、「下書き」です。「下書き」があると、後でその下書きにつけたすだけで書評ができあがるので、気持ちが楽になります。

何かをつくる際に、未完成でも形になったものがあると、後でその行動を続けやすい性質を私たちはもっています。

また、**書いて自分を表現することは、私たちの隠れた才能を発揮する**という調査結果もあります。１９２０年代の研究者、キャサリン・コックは、歴史上の天才たち3

00人を調査しました。その結果、天才たちの共通の行動として、**友人や家族に宛てた手紙で自分の考えを力強く語る傾向**を発見しました。

自分の考えや経験、感じたことをブログや日記にして書く習慣をもつ人は、わずか1％に満たないといわれています。もちろん、自分の書いたものを公開するのに気が進まない人は、誰かに公開する必要なんてないのです。ただ書くだけでもいいのです。公開するのは、書いてうまくいったものだけでもかまわないのです。

レゾナンスリーディングをして、何か書きたい気分になったら、まずは「下書き」と思って、書きなぐってみましょう。

多くの人に届く書評のポイントは〝ゆるさ〟

「文章を書くのはストレス」「最初から完全にできあがったものを書かないといけない」。そう思われる方もいるかもしれません。

ちょっと自慢ですが……これでも僕はたったひとつのメールで1千万円売り上げたことがあるし、定員200人の高額セミナーを満席にしたこともあります。

文章のテクニックや文章力を上げる手法はいろいろありますが、ここ2年ほど**「文章はゆるいぐらいがちょうどいい」**と思っています。

ゆるく書いた書評の方が多くの人に「いいね！」をもらえます。

ここで、僕のゆるい書評の書き方をお伝えします。

①まずはストレートにゆるく下書きをしてみる

下書きをする際には、読書後、すぐにレゾナンスリーディングをしたマップの上に直接書きます。

思いついたものをすべて、ストレートにかつゆるく書き出してしまうのがポイントです。

ここでいうゆるさとは、**文法、漢字などの精確さを気にかけないこと。とにかく、心赴《おもむ》くままに、手が止まるまでひたすら書く**ことが大切です。

下書きをする場所も重要です。僕はスタバやサンマルクのような、コーヒーの香りが豊かで照明が少し暗めの場所で書くのが好きです。もっとも決め手は机と椅子の高さ。ちょうどいいのはだいたい1メートルぐらいの高さの机。

②書評を書くときは、届けたい知人を想定する

書評を書くときは、漠然とした誰かに届けようとするのではなく、**具体的な人物を決めて書くのが秘けつ**です。その具体的な人に向けて、少しだけその人物の内情をぼやかしながら書くのがポイント。マーケティング関係の仕事をした人ならご存じの「ペルソナ」です。**売れている商品には、明確な顧客ターゲットが決まっている**ケースもあります。

たとえば、全国に50店舗以上展開する「Soup Stock Tokyo（スープストックトーキョー）」はある特定の顧客を設定し、サービスを立ち上げて成功しています。スープストックトーキョーの場合、このようなペルソナをつくりました。

「秋野つゆ。37歳の女性。都心で働くキャリアウーマン。独身か共働きで経済的に余裕がある。社交的な性格で、装飾性よりも機能性を重視。フォアグラよりもレバーが好き、プールではいきなりクロールで泳ぐ。この秋野さんが好むお店の雰囲気はどう

いうものなのか？　メニューは？　価格帯は？」。そうしてできあがったのが、30代、40代の女性層に好まれるスープストックトーキョーです。

書評も同じです。同じように特定の顧客ターゲットを考えることが結果的に多くの人に届く文章になります。

実際、僕はレゾナンスリーディングで本を読んでいるときから、何となく著者が届けたい人の顧客層の顔が浮かんできます。そのうち、ふっと明確な知人の顔が浮かんできて「あっ、この人こういうことで困っていた」と思いつくのです。

③ゆるくまとめていく

具体的な人物が浮かんだら、先ほどストレートに書いた文章をその人に合わせて、ゆるくまとめてみます。

その人物は、**「何に困っているのか？」「その人がこの本を読んで解決されることとは？」「読んでおもしろいと感じることとは？」**という、この3つを考えながらまとめていきます。

ここは、力を抜く部分です。力を抜いて相手を想定しながらまとめることによって、たとえそのときのコンディションが悪くても、文章が単なる自己完結されたものになりません。書評の多くが自分の感想で終わっています。特定の相手を想定することで、読み手にとっては、**まるで自分に語りかけてくれるように感じる**のです。

力を抜くことは魔法の文章テクニック。なぜなら、文章を書きはじめるよりも、文章を何日も書く方が難しいから。そのために、力を抜いて、自分の心に対するハードルを下げて書くことが大切です。

④最後に、文体に自分らしさを注入し、声に出して読んでみる

少し脱力した感じが自分らしい文体となり、多くの人に読んでもらえます。逆に、脱力加減のなかった書評はかえって熱がこもり過ぎて、自分勝手で大切なことが伝わらない。こんなことがよくあります。そして、何より声に出して読んでみること。声に出すと思わぬイージーミスが見つかります。

文章はゆるくてもＯＫ。まずは、下書きをストレートにゆるく書き出し声に出してみて、そこから整えていきましょう。

このゆるい書評の書き方は、普通の文章にも使えます。

僕の知人の、アクセサリー会社の女性社長は、**この方法で何と、月の売上が2倍に伸びた**のだとか。ゆるいというのは大切ですね。

成功する人が本を読んだ後にしている2つのこと

読書は、人生を変えてくれます。それは、**暗闇の世界を歩いていた中に、一筋の光が差し込み一瞬にして明るく道を照らしてくれる**、そんな感覚です。

プロローグでもお話ししましたが、僕の人生は大きく変わりました。僕だけではなく、多くの方々が人生を変えていくのを僕は目撃しています。

でも、読書をしてノウハウを学んでいるのに成功できない人が多いのも事実です。

ノウハウを学べば、少しは前向きにはなるかもしれません。

だけど、実際、**成功したり、人生を変えたりするには、読書だけではダメで、「行**

動」しなくてはなりません。

「成功したらいいな」「うまくいったらいいな」という気持ちは誰もがもっています。「成功したらいいな」で終わるのではなく、その気持ちをいかに「成功に向かい行動する」ことに結びつけられるかが大切なのです。

行動することは、現実に何かを形として残すことです。

小さくてもいいから、まず行動することが大切なのです。

かの有名な、成功哲学の元祖のひとりナポレオン・ヒルもすぐ決断し、行動したことで知られています。彼は鉄鋼王アンドリュー・カーネギーから、新しい哲学（成功哲学）の調査を依頼された際に、29秒で引き受けることを決断しました。

あなたがもし、人生を変えたり、日常を変えたりして実現したいことがあるなら、すぐに決断して、最初に2つのことにフォーカスしましょう。

その2つとは**「新しい人に出会うこと」**と**「出来事を起こすこと」**です。

僕もナポレオン・ヒルの本や作家の本田健さんの本を読んで、学生時代に100人を超える経営者にインタビューをしたり、話を聞きに行ったりしました。

そこでわかったことは、すでにうまくいっている人の多くは、本を読んでこの2つを計画し、すぐに実行していることです。

経営者がビジネスモデルの本を読めば、さっそく、明日から経営企画室のメンバーに新しいビジネスモデルをつくるよう指示をします。一流になりたいビジネスパーソンが営業本を読めば、取引先で活用できないかと実践します。

作家であれば、人文学やポピュラーサイエンスを読み、さっそく自分の小説やエッセイにいかせないか確認したり、その分野の専門家に会ったりします。

何かを変えるにはこの2つ以外ないのです。

ここで、読書の後、「人」と「出来事」にフォーカスして行動して、成功した例をご紹介しましょう。

徳島と香川をはじめ、四国でイノベーションセンターを経営している観元眞人さん。観元さんは、このセンターを地方からイノベーションを生み出す地域活性の場につなげられないかと考えていました。

そんな中で出合ったのが、赤いカバーの『ボールド 突き抜ける力』という1冊の本でした。この本は、シリコンバレーにあるシンギュラリティ大学の創設者が今後のビジネスの展開について語っており、具体的に次世代のビジネスモデルの手法を書いたものです。

観元さんは、その本を読み、具体的な行動を考えていました。

タイトルの『ボールド　突き抜ける力』から「洗剤のボールド」の名前を連想し、さらに洗剤から、家庭、家族……と連想して、「何か家族と一緒にやることがこれからの地域活性につながるのではないか」と考え出しました。正直、普通の人からすると、悪い冗談に聞こえます。

けれども、観元さんは真剣でした。さっそく家族サービスを2か月後に行うことを計画。2か月後の家族サービスを行っているその日に、何と『ボールド　突き抜ける力』の中で紹介されている「99デザインズ」の日本支社から連絡が入ったそうです。

そして、「99デザインズ」のリンクを観元さんの運営するＨＰに掲載することになりました。次世代ビジネスをやっている観元さんにとってはまたとない話でした。

実際にこうした事例はいくつもあります。正直、「ボールド」から洗剤なんて、くだらない思いつきと思って多くの人はやめてしまいます。

ただ実際には、**身近なほんの小さなことが、何か予想外の大きなものとつながって**

いるんです。

そして、ほんの小さくてもいいから、やってみると何かが変わっていくのです。やろうと思っていたけれど、なかなかできなかったことでもいいのです。チャレンジするだけで、現実は大きく変わるのです。

生まれたアイデアを実行する行動計画のつくり方

それでは、さっそくあなたも、生まれたアイデアを実行する計画をつくってみましょう。

①レゾナンスマップを見て、新しい人やイベントに関するヒントを探す

レゾナンスマップを見て、レゾナンスワードやメモの中に、新しい人やイベントに直接関係する情報はないか探してみましょう。たとえば、人名や場所の名前が出ていれば、その人や場所を調べて、会ったり、行ったりする予定を立てます。

②出てきた言葉をヒントに連想してみる

直接名前に関係しなくても、名前やイベントを連想できるようなことが見つかるかもしれません。先ほどの例では、「ボールド」という言葉が見つかって、そこから、「洗剤のボールド」→「家庭・家族」→「家族サービス」が連想されました。そのように、あなたが共鳴した言葉から、連想ができないか考えてみましょう。

③生まれた行動をスケジュール帳に転記する

生まれた行動を必ず、スケジュール帳に転記してください。手帳やiPhone、Googleカレンダーなど何でもかまいません。日ごろ使っているスケジュール帳に転記してください。

④書いた行動を実行する

紙に書いた行動は、ぜひやってみることをおすすめします。実際に行動してみると、先ほどの例のように現実が変わっていきます。

気に入った本の著者サイン会や講演会に行ってみる

行動するアイデアが思いつかない。そういう方もいらっしゃると思います。そんな方におすすめなのが、**気に入った本の著者のサイン会や講演会に参加してみることです。**

著者のサイン会や講演会に参加することにはメリットがあります。著者に実際に会うことにより、**その著者の本に書かれていなかったけれど、大切なことや着想を見つけることができます。**

優れた著者ほど、その著者ならではのブランドをもっています。

それは、著者の容姿から、着ている服、身につけているもの。身振り、手振り。声。会場の雰囲気。すべて著者が伝えたいブランド・イメージそのものなのです。**こ**

の著者が創り出す世界観、ブランドの本質に触れることであなたの何かが変わるかもしれません。

僕自身、著者に会いたいと思って何人、何十人、何百人と、いろんな著者に会ってきました。そこから、何年か後に尊敬している著者の方と一緒にお仕事をさせていただいたこともあります。

これは、本を読んで、行動しなければ絶対に起こらないこと。

行動するだけで、未来は少しだけ変わり、あなたの行動を通じ、現実が動き出すのです。

めんどうくさい、怖いという気持ちを超えて、ほんの少し、勇気を振り絞るだけで、あなたは、チャンスをたぐりよせることができます。

また、著者に手軽に会えるのは、出版記念講演会です。書店で行っている講演会であれば、本を1冊買うだけで参加できたり、ほんの２０００円前後支払うことで、参加できたりします。

都内の書店で行われるイベントは、「本屋で.com」（http://honyade.com）というサイトで気軽に探すことができます。

もちろん、このサイトに載っている以外にもいろいろな書店でイベントが開催されています。

ぜひ、地元の書店に足を運んでみて、イベントがないかどうかチェックをしてみましょう。

勉強会・読書会で「仲間」と「違う視点」が手に入る

ひとりで読書するのは大変です。正直、僕もたったひとりでは読書を習慣化させることはできませんでした。

だけど、先にお伝えした通り、誰か話せる仲間がいると学習は進みます。

誰か話せる仲間を見つけたいときにおすすめなのが、勉強会や読書会への参加です。

勉強会や読書会には、3つのメリットがあります。

読書会・勉強会の3つのメリット

・自分と同じ想いをもった仲間に出会える
・自分とは違った他者の視点が手に入る
・学んだものをシェアできる

最近は読書会や勉強会も増えています。僕自身も読書会や勉強会を継続的に行い学びと交流の場をつくっています。

僕は経営コンサルタント、作家として有名な神田昌典さんのパートナー時代に、**日本最大級の読書会ネットワーク、「リード・フォー・アクション」**の協会設立に携わりました。いまもその協会のシニアリーディングファシリテーターとして、読書会を開催できるファシリテーターの育成に携わっています。

通常、読書会というと、事前に課題書やそのテーマの本を読んでこなくてはいけない、そういうイメージもあるかもしれません。事前に読書をして、感じたことや感想を伝えるものや、プレゼンテーションをするものも多いのです。いわば、読書感想会。読書が苦手、得意でない人には重いですよね。

リード・フォー・アクションが行っている読書会の特徴は、何より、事前に本を読んでこなくていいことです。未読の本をただ持っていくだけで、その場で読んで話し合える読書会なのです。ご興味ある方はぜひ調べてみてください。

社内読書会で独創的なビジネスモデルデザインが実現する

また、読書会の意義は、「つながり」を取り戻すことです。

ですから、**社内ネットワークの構築にも有効**です。これまでの企業には、飲み会をはじめ、運動会、社員旅行、餅つきなど、社内行事が多くありました。この社内行事を通じ、仕事では見えない同僚の背景を知ることで、コミュニケーションが円滑となり、業務に好循環が生まれていました。

しかし、平成不況以降、社内行事というのは相次いでコストカット、削減の波にのまれてしまったのです。

社内の「つながり」が失われてしまうことで会社は多くのリスクを負います。

たとえば、営業は会社の業績を上げるために、必死に売上を立てようとしますが、経理やエンジニア、生産部門は、そのことが理解できない。「なんでこんな仕事をとってくるんだ」ともめごとが起こることがあります。

逆のケースもあります。エンジニアが開発した新しい技術。技術はあっても顧客像が見えてこない。営業は、顧客が見えないものは売ることができません。それでも上司や社長からは会社の数字があるから、無理にでも売ってこいと言われる。泣く泣く営業は売りに行くが顧客像が見えないものは売れない。そしてつらくなって辞める。負の循環……。こうした乱れた社内コミュニケーションと社内の「つながり」を戻してくれるのが、読書会です。

レゾナンスリーディングを社内で実践しているレゾナンスファシリテーターがいます。

その中でも、ＮＴＴアドバンステクノロジ株式会社に勤務している三宅泰世さんは、レゾナンスリーディングを使ったワークショップを開催しています。

レゾナンスリーディングを用いると、これまでの読書会では起こらなかった社内活性化が起こるといいます。

変化が激しい社会の中では、もはや一社だけでビジネスを生み出し、継続していくのは難しい時代です。そうした背景から、多くのＩＴ企業では、異なる企業同士が集まり、「アイデアソン」「ハッカソン」「ビジネスモデルデザイン」という新しいアイデアやビジネスを生み出すワークショップが増えてきています。しかし、実際には初対面の人といきなり、新しいものを生み出すことは困難です。

その理由は、専門分野が異なるからです。部署が違ったり、業務内容が違ったり、バックグラウンドも違ったりします。初対面なので、当然緊張もしてしまいます。こうしたことがブロックとなって、なかなかコミュニケーションが進まないのです。

こうした状況を一気に打開し、集まった人たちの知識のでこぼこをならし、協力し合うチームビルディングができるのが、レゾナンスリーディングを使ったワークショップだと三宅さんは話します。

ＮＴＴグループの複数社が集まり、ビジネスモデル・アイデアソンを開催するときにはつぎのように行っています。

まず、ビジネスモデルデザイン関連書籍、アイデア関連書籍など、2冊、合計500ページの本をレゾナンスリーディングします。そして、**わずか1時間足らずで読み終えお互いに内容を説明し合います。**

これだけでも、参加者はお互いにビックリされるそうです。なぜなら、日常の中で、300ページもあるビジネス書なんて、1か月に1冊読めればいい方。それなのに、1時間で2冊も読めるなんて、と驚かれるそうです。

そして、この内容のシェアの時間に、さらなる気づきがあるといいます。レゾナンスリーディングはストーリーを用いて、**相手に自分がやりたいことの行動計画や、どう感じたのか、自分の仕事と日常のベースを相手に伝えます。**

その語り合う、ストーリーの違いからお互いがお互いの視点の違いや価値観の違いに気づくことができます。さらに、その内容の説明の仕方からその人の人柄などがわかります。

さらに、**同じ書籍を異なる切り口で見ることができます。**5人のグループなら、5つの違う視点が手に入ります。この異なる切り口で何かを学ぶ視点により、いままで自分の業務しか考えていなかったところが、他者のことを考えて行う業務へとシフトできるようになるといいます。

また、異なる切り口での説明が、短時間でより深い理解へとつながります。教え合う関係が生まれた場では、大量のアイデアが生まれ、**ビジネスモデルのデザインが加速度的に進みます。**

そしてワークショップ開始から5時間後に、独創的なビジネスモデルがいくつも生まれ、その1時間後には、もうプレゼンテーションの準備が終わっています。

通常、新しいビジネスモデルの企画立案には、数か月かかることもあります。中には数か月もかかったのに、社会の変化のスピードについていけず、企画が通らないこともあります。

しかし、レゾナンスリーディングは、**はじめて会う人たちとのチームビルディングから短時間での独創的なビジネスモデルの協創までを実現してしまう「魔法の読書法」**だと、三宅さんは語っています。

アウトプット力を倍増する良質な睡眠のとり方

いままで、レゾナンスリーディングをさらに活用してもらうために、読んだ本をシェアする方法や、行動するための方法についてお話ししてきました。

この章の最後に、レゾナンスリーディングをもっといかすための睡眠についてお話ししましょう。

いい睡眠をとることは、私たちの記憶力を倍増させることや、何より、自分の中の発想と発想を結びつけるアウトプットに役立ちます。

それではどのように、睡眠をとればいいのでしょうか？　良質な睡眠をとるには、準備が重要です。

良質な睡眠をとるための4つのコツ

・寝る前の2～3時間は食べるのをやめること
・寝る前に、グラスに半分ぐらい入った水を飲むこと
・体をゆるめるために、簡単なストレッチ（ヨガや呼吸瞑想《めいそう》）を行うこと
・簡単なアファメーションを行い、目覚めたときのセリフを考える

この4つを行って寝ることで、あなたの睡眠は劇的に良質なものへと変わります。

寝る前の2～3時間に、何か食べると、あなたの胃は消化にエネルギーを使います。このことが、あなたの睡眠を邪魔しているのです。

代わりに、寝る前に、水を少し飲むことによって、体の中に水分を行き渡らせることができ、体はリラックスすることができます。さらに、簡単なストレッチをいくつか行うことにより、体中をもっとリラックスさせることができます。

これらをすることで何より、1日の疲れや緊張、混乱を解き放つことができます。

このことが、**脳とあなたの体をリラックスした状態へと導く**のです。そして、**脳は可能な限りあなたの抱えている課題の手がかりや、問題の解決策の糸口を、デフォルト**

モードネットワークを通して、検索しつづけてくれるのです。

もし、寝る直前まで読書がしたいという方がいたら、この３つまでを行って読書をして睡眠に入るのがよいでしょう。

読書を継続したいという方におすすめなのが、明日読みたい本をただ何回かパラパラさせていくことです。

４つ目の「簡単なアファメーションを行い、目覚めたときのセリフを考える」についてはつぎの項目でお話しします。

寝る前の一言と、朝目覚めた後の一言であなたの学びは変わる

あなたが夜、眠りに入るときや朝、目覚めるときのタイミングは重要です。**このタイミングに人間は暗示にかかりやすい状態に入っていく**といいます。このことは、すでに多くの睡眠研究者が発表しているのです。

画家、実業家で有名なサルヴァドール・ダリは、朝目覚めた後、このようなセリフを口にしていたそうです。

「毎朝目覚めると、『俺はサルヴァドール・ダリなんだ』と最高の喜びを感じる。そして驚きのあまり、『このサルヴァドール・ダリは今日どんな突拍子もないことをやってくれるのか』と自分に問いかけるんだ」

あなたは朝目覚めて、「私は〇〇だ」と最高の喜びを感じていますか？

そして、あなたであることにワクワクして、「今日どんな素晴らしいことをやってくれるのか？」と考えていますか？

寝る前と目覚めるタイミング。**このタイミングこそ、あなたを変えるチャンス**。あなたの指示に対しても、あなたの心が受け入れやすい状態なのです。

もしも、あなたが夜疲れていたら、ベッドに横たわったときこう心に問いかけてください。**「つぎの日に何が起こったらうれしいのか？」**。そして、自信をもって、それが起こったようすを心の中で言葉にしてみるのです。

たとえば、翌朝、重要なクライアントとのアポイントがあるのであれば、次のようなことを命じてみるとよいでしょう。

「今夜、私は睡眠を通して、完全な休息をとることができます。朝目覚めると、私の体はリフレッシュされた状態になっています。クライアントとの打ち合わせで、私が話す内容はより的確に簡潔に、相手のニーズと悩みに語りかけ、またクライアントからの一言一言をスムーズに受け止め、聞くことができます。クライアントとの会話は、どんどん弾んでいきます。私は理想的な打ち合わせを行うことができます」

明日、大事な試験を迎える方はこのようなことを命じてみましょう。

「今夜の睡眠を通して、私が今日まで学んできたことが一つひとつ、結びついていきます。そして、私は朝目覚めると、心身ともにリラックスして、これまでの成果を出すのに最適な状態になっています。試験会場には、滞りなく、つくことができます。試験の時間になると、試験の問いにより、私の脳と体は活性化されて、いままで学んできたことを最適に思い出し、最後まで適切に答えることができます。私は、いままで学んできたことを、試験中でもしっかりと出すことができるのです」

心の中で言葉を唱えたら、それを手放してみましょう。あなたの睡眠にすべてをゆだねるのです。そうすることで、あなたの日常はいままで以上に、豊かに、素晴らしい日常へと変わっていくことでしょう。

寝る前と目覚めた後のたった一言で、あなたの学習はいまよりも何十倍もの効果をもちます。さっそく、今夜から実践してみましょう。

4章

自分の専門分野ができる本の選び方と読みこなし方

ゼネラリストから、連続スペシャリストが求められる時代へ

レゾナンスリーディングをものにすることで、さまざまな分野の本をあなたの知恵にすることが可能です。

読書を力に変える方法は、専門分野を増やしていくことです。

ロンドンビジネススクールのリンダ・グラットン教授によれば、これからの時代を生き抜くためには、広く浅い知識やスキルを蓄えるゼネラリストを脱却し、連続スペシャリスト（Serial Master）にならなければいけないということです。

連続スペシャリストとは、自分の専門分野の知識とスキルに加えてさらに柱を立てること。**専門分野をひとつだけでなく、重ねて増やすことにより、自分の専門性が支えられます。**

専門分野をもっているある税理士の先生の例です。日商簿記からはじめ、会計事務

所に勤めました。そこから専門性を高めようと税理士に挑戦し、見事に3年で合格。自分の専門分野の知識とスキルを習得しました。

しかし、公認会計士が税務業界にどんどん参入し市場は飽和状態へと進行。そこで、昔から日本酒が好きだったこともあり、世界の酒税専門家になることを目指し海外の米国公認会計士に挑戦。見事に合格をし、アメリカやヨーロッパ、アジアをまたにかけて、日本酒に関わる酒税ビジネスを行うようになりました。

このようにいまや、**ゼネラリストから連続スペシャリストになることが求められているのです。**

僕自身もこれまで、自分の専門分野を増やしてきました。僕の専門分野は、経済史と事業の立上げ。そこから、中国古典、ビジネスモデル、脚本術、セールスライティング、マーケティング、心理学、脳科学、行動経済学、ファシリテーションと芋づる式に専門分野を増やしてきました。

いま市場は、情報過多に陥っています。そして、私たちはこの大量の情報により、思考が停止し、専門家依存が続いています。ピケティの『21世紀の資本』が空前のヒットになりましたが、ピケティの関連本や特集雑誌の売上から見て、その大半は、買って読めずに放置している状態になっているのではないでしょうか?

さらには、メディアはテレビやラジオなどの高コスト配信から、インターネットを活用した低コスト配信の時代に入っています。そして、日本では、1998年ごろから広まったインターネットが17年かけて一巡し、2015年ごろからメディアを独自で保有するオウンドメディアがはやりはじめています。

情報は、「知らないですむ」から「知っていないと損」になってきました。さらには、情報の出所や事実を確認しないと、大変な事態に巻き込まれるようになりました。

正直、**分厚い専門書を読めるか読めないかにかかっています。**

この章までに、レゾナンスリーディングを実践したあなたなら、分厚い専門書も読める状態になっています。

それでも、まだ専門分野をつくるなんて、想像もつかない人に、すでに専門分野をつくった人の事例をいくつかご紹介しましょう。

短い時間で専門的な論文が書けるようになる

普段、論文を仕事で書かなければいけない職業の方々から、このレゾナンスリーディングを行うことにより、書くのが楽になった。そのようなうれしい報告をいただいています。

たとえば、**大学の先生から、研究員の方から、大学生、大学院生、作業療法士や管理栄養士といった士業の方まで、短い時間で論文やレポートを書けるようになったと**いいます。

心理学者の筒井順子さんは、このレゾナンスリーディングで論文が書けた最初の事例です。レゾナンスリーディングと出合う前の筒井さんは、2年ほど論文が書けずに、悩んでいたそうです。

ところが、このレゾナンスリーディングを学ぶことにより、これまで**なかなか書け**

なかった論文の骨格がわずか2日でできあがったそうです。

地方で活躍されている管理栄養士で、徳島大学の非常勤講師をしている中川利津代さんは、学会で発表する論文に困っていたそうです。論文を書くために先行論文を読むことや、その他参考文献の選出など、膨大な作業に悩まされていたそうです。いったい、この大量の作業のどこから手をつけていいかわからない。

でも、レゾナンスリーディングを用いることで、頭と心の中が整理されたそうです。**これまで、何か月もの時間と歳月がかかっていた論文作成が、1か月もあれば、できるようになった**といいます。

他にも、作業療法士として徳島で活躍している吉野哲一さんは、病院に提出するレポートの作成時間が大幅に短縮できるようになったそうです。**これまで1週間かかっていたレポート制作が1日3時間、わずか2日間で制作できるようになりました。**

このようにレゾナンスリーディングによって、通常よりも短い時間でも論文やレポートを制作できます。

知識だけでなくスキルも短期間で身につけることができる

つぎに、わずかな時間で専門スキルを身につけて、会社の中で実力を発揮されている事例を紹介しましょう。

大手食品会社グループ企業のマーケティングを務める國井誠さんは、レゾナンスリーディングで、短期間に専門スキルを身につけています。

國井さんは、自社の会議を変えようという社内のプロジェクトで、急遽《きゅうきょ》ファシリテーターの役割を任せられたそうです。しかし、社内ではファシリテーションという言葉を知る人がほとんどいない状況。いったいどうすればいいのかわからないと困惑している中、思い出したのがレゾナンスリーディングの活用でした。

まず大量の知識を得なければいけないと思い、國井さんはファシリテーションの関連書籍を10冊、レゾナンスリーディングで3日間かけて読破しました。

その結果は、知識だけでなく、ファシリテーションスキルも身について、優れたファシリテーターと同じようにファシリテーションができるようになっていたそうです。**短時間で本を読むだけでなく、短期間で専門家になれる読書法**であると、國井さんは話してくれています。

また、中小企業診断士の景山洋介さんは、レゾナンスリーディングによって、自分が登壇したことのないテーマでも、講演やワークショップができるようになったといいます。

ある講座で、当初担当予定だった講師が急遽欠席となり、代理で営業・販売戦略についてで講義することになりました。会社員時代に営業の経験はあったものの、これまでこのテーマで講義をした経験がない状況でした。そこで、マーケティングに関する本を3冊、営業戦略に関する本を3冊レゾナンスリーディングで読み、講義に臨んだそうです。

結果はどうでしょう。短期間で3時間の講義の準備が終わったのはもちろん、**受講生に伝えるべきポイントを抜き出すことができていたため、受講生のアンケートでも**

大好評だったそうです。

あなたも、これからご紹介するレゾナンスリーディングの応用プロセスを通じて、週末の2日間でプロフェッショナルになることができるのです。

週末2日間で芋づる式に自分の専門分野を増やす方法

それでは、芋づる式に自分の専門分野を増やす方法についてお話ししましょう。つぎの3つのステップがあります。

芋づる式に自分の専門分野を増やす方法

①専門分野を増やす目的を考える
②大型書店に行く
③専門分野に関連する本を8冊、専門分野以外の本を2冊買う

①専門分野を増やす目的を考える

まず、はじめに、あなたがこれからどんな専門分野を身につけたいのか？　その分野と目的を考えます。

たとえば、僕が過去に考えてきた目的はこのようなものです。

「短時間でライティングでき、たくさんの人に読まれる書評を書くために必要なことは？」

「マーケティングの知識を得て、いますぐできる売れるプロモーション方法とは？」

「中国古典の知識を得て、会社の経営方針をつくるための手法とは？」

「認知心理学の観点から、いまよりももっと効率的で楽しい学習方法を知りたい」

「映画界の脚本術を学んで、ビジネスの中にストーリーを取り込む手法とは？」

②大型書店に行く

専門分野と目的が決まったら、大型書店に行きます。近くに大型書店がないという方は図書館でもよいのですが、大型書店に行くことをおすすめします。

僕には行きつけの大型書店があります。そのきっかけは、経済評論家の長谷川慶太郎さんの『情報力』を父の書斎から手に取って読んだことです。

この本の中で**書店に頻繁に通い、「自分の行きつけの書店」をつくることが、よい本とめぐり合うための秘けつ**だと書かれています。

僕がひいきにしているのは、東京ならブックファースト新宿店、紀伊國屋書店新宿本店、丸善丸の内本店。大阪では梅田の蔦屋書店、ジュンク堂書店大阪本店。他にも地方に出張へ行ったら、地元の大型書店に足を運び行きつけの書店を増やしています。

大型書店の利点は、**新しい本から古い本まで、そして小規模書店では流通していない本を手に取ることができる**点です。

もちろん、小規模書店ではいま売れ筋のベストセラーの書籍を短い時間で手に取ることができます。

専門分野をつくるためには、易しい入門書から、難解で5000円以上する本まで、ある程度のバリエーションが必要です。こうした本に出合い、手に取ることができるのが大型書店のメリットです。

③専門分野に関連する本を8冊、専門分野以外の本を2冊買う

書店に入ったら、そのコーナー・棚を探します。マーケティングだったらマーケティングのコーナー・棚に行きます。

その棚についたら、タイトルで気になる本からどんどんと、本をパラパラしていきます。

ただし、書店でパラパラする場合には本を傷つけないよう優しくしましょう。

そしてその棚の中から、パラパラして、**エネルギーが高そうな本、心地よく体の中で何か感じた本を10冊ほど選び、買います。**この感覚は、『人生がときめく片づけの魔法』の近藤麻理恵さんの言う、ものに触れたときの「心がキュンとする、ときめく」感じに似ています。

これから学ぶ専門分野の本だったら、10冊の中に、通常の専門書の他に、**入門書を2冊、難しそうな専門書を2冊、専門分野以外の本を2冊入れるのが専門分野を作るコツです。**

入門書は、図解になっているものや、平易な日本語で書かれている本を選ぶことがコツです。入門書を入れる理由は2つあります。

ひとつは、その分野をわかりやすく全体を学ぶためです。これは誰でも思いつきそうですね。

2つ目は、最後、専門分野を学んだ上で、**自分の言葉にする際に役立てるため**です。僕もそうなのですが、専門分野を高めてしまうと、つい専門用語で物事を説明しがちです。

しかし、優れた専門家は、誰でもわかるように、わかりやすい日本語で説明できるものです。

専門分野以外の本を入れる理由として、**意外性や新規性を入れて、新しい側面を生み出すため**です。『アイデアのつくり方』のジェームス・ウェブ・ヤングによれば、新しいアイデアは、既存のものと違った分野のものが掛け合わされて、生まれるということです。

もしかすると、「えっ10冊も一気に買うの?」とためらうかもしれません。

ただ、あなたがもし専門分野をつくりたいのであれば、本を一気にまとめて買うことが大切です。

僕が学生のころ、10冊買うのにはためらいがありました。専門書は3000円以上。10冊買うと3万円。学生からすると、すごい金額でしたが、思い切って買ってみたことで、僕の人生は開けました。

なぜなら、1冊500ページもの本に挑戦し、読むという行為が、新しい何かをつくってくれるからです。

いまでも、その当時、買ったジュリアン・ジェインズの『神々の沈黙』、トール・ノーレットランダーシュの『ユーザーイリュージョン』、ジェームズ・C・コリンズの『ビジョナリー・カンパニー』『ビジョナリーカンパニー2』は鮮明に覚えています。**高いと感じるからこそ頭に残る**のです。

価値があると思うものに、お金を投じなければ、そのものの本当の価値がわかりません。お金を投じることで、その本を書いた著者に敬意を払うことができます。

著者には、わずかな印税しかいかないかもしれませんが、あなたのその一冊一冊のお金が出版界を支えるきっかけになります。

たった2日間で専門家レベルの知識が身につくマルチプルプロセス

それでは、実際にどのようにしてはじめるのかお話ししましょう。

これから行う手法は、2章で行ったレゾナンスリーディングで何冊も読んでいく手法です。

この手法を使えば、何十冊という本を短期間で読むことができるだけでなく、あなたの望んだ専門性を身につけることができます。

専門性を身につけるレゾナンスリーディング・マルチプルプロセス

①目的を設定する
②すべての本を、写真に撮る
③すべての本をパラパラし、休息をとる

④レゾナンスワードを出す
⑤関連箇所を見つける
⑥自分の言葉でまとめる
⑦自分のブランドワードを作成する
⑧ブランドワードを使いながら新しい切り口（意見）をつくる
⑨新しい切り口をもとに、レポートや記事にまとめる

準備するもの

・これから身につけたい専門分野に関連する書籍10冊ほど
・白い紙（A４程度の紙またはノート）
・ペン（12色のカラーペンがあれば色を使い分けられるのでおすすめ）

それでは、さっそく実践していきましょう。

①目的を設定する

レゾナンスリーディング・マルチプルプロセスの最初のステップは、目的を設定することです。**この目的は、あなたの個人的な目的になります。**

このプロセスを通じて、あなたが何をできるようになるのか、具体的に数値化することが大切です。

たとえば、これから「文章を書ける人になる方法を学びたい」という目的であれば、ただ「文章を書ける人になる」ことを目的にするのではなく、

「文章だけで年間５００万円稼げる人になる」

「１００万ＰＶを集めるブログをつくるための文体を手に入れる」

「10分ぐらいの時間でスラスラと３０００字書けるようになる」

こういった**具体的な数字の入った目的にすることが大切**です。

さらに、あなたにとってそれが有用で、人生や仕事に直結すると考えられるものだとよいでしょう。

②すべての本を、写真に撮る

つぎのステップでは、すべての本を1枚の写真に撮影します。

写真を撮ってみてその本を眺めてみましょう。**自分のテーマに合っているのか確認してみてください。**

さらには、新しい分野をつくっていくために、**2冊ほど、まったく違う内容や異なる意見を述べている本を追加してもいいでしょう。**これは後で、どんな本を読んだのか忘れないためという目的もあります。

③すべての本をパラパラし、休息をとる

今度は、すべての本を一度パラパラします。ここでのポイントは、体が「ゾクゾクする感じ」がしたり、力強く感じたりする本を探すことにあります。そして、**すべての本を一度自分にとって力強く感じた順番にランク分けしてみましょう。**

ランキングをしたら、ここで休息です。**最低でも5分ぐらい休憩**をとりましょう。

④レゾナンスワードを出す

それでは、ここでレゾナンスリーディングのマップを作ります。先ほどの**ランキング上位4～6冊の本をレゾナンスリーディングしていきます。**

2章でお話ししたレゾナンスリーディングの手順の【ステップ1】はすでに終わっていますので、【ステップ2】と【ステップ3】を行います。

⑤関連箇所を見つける

レゾナンスリーディングの【ステップ3】まで行ったレゾナンスマップを眺めます。そして、関連しそうな用語や箇所を見つけます。

深く掘り下げる場所を見つけその部分を読んでいきます。ポイントは、**その本の共通項と差異、新規性を探していくことです。**

共通項や新規性が見つかったら、各々のレゾナンスマップに書き加えていきましょう。この時点では、あまり細かく読み込む必要はありません。

イメージとして、**「著者たちがあなたの掲げたテーマで会議に参加している」**と考えてください。そして、あなたのテーマに対して、自由にダイアローグして、新しい発見をしようとしているのだと考えてください。

これから読む本を写真に撮る

ランク分けして並べる

⑥自分の言葉でまとめる

それでは書き込み終わった、各々のレゾナンスマップを眺めてみましょう。あなたのテーマに合わせて、その分野のプロフェッショナルたちが、さまざまなアドバイスをしてくれています。**あなたはそのさまざまな意見を、公平かつ、中立な立場で、共通点と相違点をまとめて、評価していきます。**

そして、その著者たちのアドバイスをもとにあなたの言葉でまとめます。

⑦自分のブランドワードを作成する

再度レゾナンスマップを眺めます。そこに書かれた、レゾナンスワードやメモを見て、自分につながるブランドワードをつくっていきます。

ブランドは大きく分けると、いままでやってきた「あなたの資源、強み」と、いまやっていることや、これからやっていきたい「あなたの活動、らしさ」で成り立っています。

ですから、つぎの言葉をそれぞれ、選んでください。

「いままでやってきたことにつながる」言葉を8つ。

「いまやっていることや、これからやっていきたいことにつながる」言葉を9つ。

合計で17の言葉が、あなたのブランドワードになります。

ブランドワードとは、その人を連想させるもの。たとえば、数々のお金に関する本を出している作家の本田健さんであれば、「ワクワク」や「小金持ち」「ライフワーク」「メンター」など。その言葉を聞いただけで、あの著者だと連想できますよね。

それがブランドワードです。

⑧ブランドワードを使いながら新しい切り口（意見）をつくる

⑦で見つけた17のブランドワードを使い、自分のテーマに合わせて、新しい切り口をつくります。この新しい切り口こそ、人におもしろさを与えます。

たとえば、いままでやってきたことが「英語」で、これからやっていきたいことが「教育」だったら、新しい切り口は「2時間で英語が話せる7つのコツ」と発想します。

また、いままでやってきたことが「和食」「食育」だったとします。

そして、これからやっていきたいことが、「日本人に合った食事法」だったら、新しい切り口は、「日本式、自分を変える最強の和食」など**ブランドワードを使いながら新しい切り口をワンセンテンスで何個か書き出してみます。**数に制限はありません。出せるだけ出してみましょう。

⑨新しい切り口をもとに、レポートや記事にまとめる

いくつか出した新しい切り口をもとに、さっそく、レポートやブログ記事、論文を書き上げてみましょう。

ビジネス洋書を一瞬で読めるようになるコツ

日本人の多くは、**すでに洋書を読むことができます。**もし、あなたが英語の本が読めないというのであれば、英語で読むコツを知らないだけです。

『30日で英語が話せるマルチリンガルメソッド』の著者、新条正恵さんは、英語を短時間で話せるようになるコツは、いままで学んできた英語学習を、活性化させることと言っています。

英語で話すことと読むことは同じです。私たちは、学校教育で大量の英語に触れています。中学校、高等学校、そして、日常生活の中での標識など、6年から10年以上、英語に触れているのです。そのため、英単語や文法など、英語で読むために必要な英語力は身についています。

ITコンサルタントの奥田将史さんは、TOEIC®で高得点をおさめていたものの、ビジネスで活用したり、洋書を気軽に読んだりすることはできませんでした。

しかし、これから紹介する方法を実践することで、1冊**2か月間かかっていた洋書を、何と1時間以内で読めるようになった**そうです。

では、その秘けつをご紹介しましょう。

ビジネス洋書が一瞬で読めるコツ

①翻訳書から読み、原書をそれと見比べながら読む

②洋書を読む際には、その著者の情報（動画、写真、ウィキペディアなど）を入手する

③著者の動画は字幕（英語もしくは日本語）をつけて観《み》ておく

①翻訳書から読み、原書をそれと見比べながら読む

翻訳書からはじめるのにはわけがあります。**あらかじめ知識のデータベースを自分の中に入れるため**です。

よく「ビジネス洋書が読めません。どうすれば、読めるようになりますか？」と質問をいただきます。

聞いてみると、たいてい自分の専門分野外の本をいきなりビジネス洋書で読もうとしています。いきなり読んでは、日本語であっても読むことは困難です。第一に、翻訳書から読んで、知識のベースをつくることからはじめましょう。

どんな翻訳書と原書を選ぶかというと、あなたが洋書を読む目的に合っていて、

「その分野の最先端を走っている」

「その分野のトレンド、流れをつくった」

という著者のものを選びます。

たとえば、あなたが「これから、新規事業の立上げをする」と目的を設定したとしましょう。その場合、ビジネスモデルについて調べる必要がありますね。

まず、アマゾンで「ビジネスモデル」と検索をします。検索すると『ビジネスモデル・ジェネレーション』アレックス・オスターワルダー、イヴ・ピニュール著というのが目に入ると思います。

さっそく、その本を手に入れて、そして、翻訳書でレゾナンスリーディングの5つのステップをします。

読んでみておもしろかったら、その本の原書を手に入れます。「原書はまったく読めなくてわからなかったらどうしよう」。そう思われるかもしれませんが、すでに翻訳書を読んでいれば、内容は知っているのでそういった心配はありません。その本に対して質問されても、ある程度は答えられますよね。

手に入れた原書にレゾナンスリーディングで、日本語と同じように挑戦します。

この際に重要なのは、**たとえわからない単語があっても、すぐに辞書やインターネットで調べないこと**です。いちいち、辞書やインターネットで調べてしまったら、時間がかかるだけでなく、めんどうです。

重要だと思ったものは、そこにマークをつけて、翻訳書でどのように翻訳されているのか、レゾナンスリーディングの5ステップを終えた後で調べます。

②洋書を読む際には、その著者の情報（HP、写真、ウィキペディア）を入手する

その著者の顔写真や、HP、ウィキペディアなど可能な限り集めます。顔写真などを見るとこの著者がどういう方なのかイメージがつきます。

特に有効なのが、「LinkedIn（リンクトイン）」（https://www.linkedin.com/）です。LinkedInは、世界最大級のビジネス特化型SNSです。その著者の経歴、そして仕事関係が表示されていることも多く、本のプロフィール以上の内容が載っています。

とくに、翻訳本がなく原書でいきなり読むには、その著者の情報をできる限り集めることです。

原書をいきなり読もうとすると、わからない部分が多くとまどいがちです。まずは、自分の知っている情報を増やすことが大切です。

③著者の動画は字幕（英語もしくは日本語）をつけて観ておく

著者の動画を観ておく際に、可能な限り、字幕をつけて観ます。動きや話し方、声のトーン、そして顔の表情も観ます。

最近海外では、ＴＥＤ、ＴＥＤｘでプレゼンテーションを行った方が著者になることも多く、以前に比べて映像が見つかるケースが増えました。

映像の調べ方は、非常にシンプルです。その著者の名前をアルファベットで、グーグルで検索。グーグルの動画というボタンをクリックすれば、その著者の動画を観ることができます。

この３つのポイントを押さえ、レゾナンスリーディングのステップに従い、洋書を読んでいきます。

アメリカのアマゾン・ドット・コムの上手な活用方法

僕は、ビジネス洋書を年間500冊以上読んでいます。

そういうと、少し驚かれるかもしれませんが、ここまで読んで実践していただいた方なら、私にもできる、そう思われるかもしれません。

僕が洋書を500冊以上読んでいると話すと、よく「どのようにして買っていますか?」と質問を受けます。ここでは、少し僕なりのビジネス洋書、専門書の原書の買い方についてお話しします。

僕はリアルな書店が好きで、できれば本は触って買いたいと思っています。ですが、ビジネス洋書は本の鮮度が情報の価値を決めるので、アメリカのアマゾン・ドット・コム（http://www.amazon.com/）でキンドル版を買います。

キンドルでのレゾナンスリーディングの読み方は、2章の115ページでご紹介していますので、活用してください。

では、アメリカのアマゾン・ドット・コムの活用のコツをご紹介しましょう。

アメリカのアマゾン・ドット・コムの活用のコツ

・カテゴリーを見る

・検索機能や左側に出てくる「Last 30 days（30日以内）」もしくは、「Last 90 days（90日以内）」を選択し探す

「Last 30 days（30日以内）」は最新のランキング、いま海外の人がどのような関心があるのかを把握することができます。

「Sort by Featured（人気順に並べ替える）」をすれば、まさにその最新情報が手に入ります。「Sort by Publication Date（発行日順に並べ替える）」をすれば、いまどんな本が出されはじめているのかがわかります。

「Last 90 days（90日以内）」は、少し経《た》った情報。3か月ぐらいのトレンドを見ることができます。1か月前には、売れていた、注目をされていた本でも、3か月経っ

てみるとたいしたことがなかった。こんなことはよくあるものです。

先ほどもお伝えしましたが、アマゾン・ドット・コムで買う利点は、「情報の鮮度」、これしかありません。グローバル化したからこそ、少しの英語力さえあれば、海外の良質な情報を手に入れることもできます。

僕は、読書法を教える傍ら企業の中に入ってイノベーションを起こすためのビジネスづくりのファシリテーター、コンサルタントとして活動しています。その際に欠かせないのが、良質な情報によるトレンドチェックです。

情報は、信頼性の高いものをいかに早く入手するのかが、ビジネスの中で優位性をもたらします。キンドルという出版されてすぐに読めるツールがあるのだから、これを使わない手はないのです。海外の良書は、3か月から半年で翻訳されるので、タイトルといったほんの少しの情報だけでも優位性をもてます。

「Last 90 days（90日以内）」をチェックした後は、必ず、日本のリアル書店で洋書コーナーをチェックしています。やはり、手で触るとデジタルでは感じ取れない感覚があります。

諸外国と比べて、日本はまだ英語で書かれている本を大量に扱っているお店は少ないですが、日本の書店の中でも、おすすめのリアル書店は3つあります。

・新宿の紀伊國屋書店新宿南店
・大阪の梅田 蔦屋書店
・東京の丸善丸の内本店

この3つの書店さんは、多くの洋書を扱っており、一度足を運んでみることをおすすめします。

5章

読書で成果を出す人、読んだだけで終わる人

これからの時代、読書の知識をお金に換えていく人が生き残る

工業化（産業化）社会では、とにかく効率化が求められました。

そして、情報化社会ではスピードがすべてでした。だけどいまは、**情報化社会から知識創造社会に向かっています。**

何か結果を出すためには、大量に情報を入手して、知識創造することが求められています。**読書をして得られた情報を、自分という切り口で知識化することによって、いくらでも、成果を出すことができるようになった**のです。

それでは、もう一度、1章でお話しした「読書の4つのスタイル」を見てみましょう。

レゾナンスリーディングで、通読から速読へ行き、それから大量に本を読む多読を行います。そして、多読を行った後は、あなたの独自の切り口で、新しい意見を構成

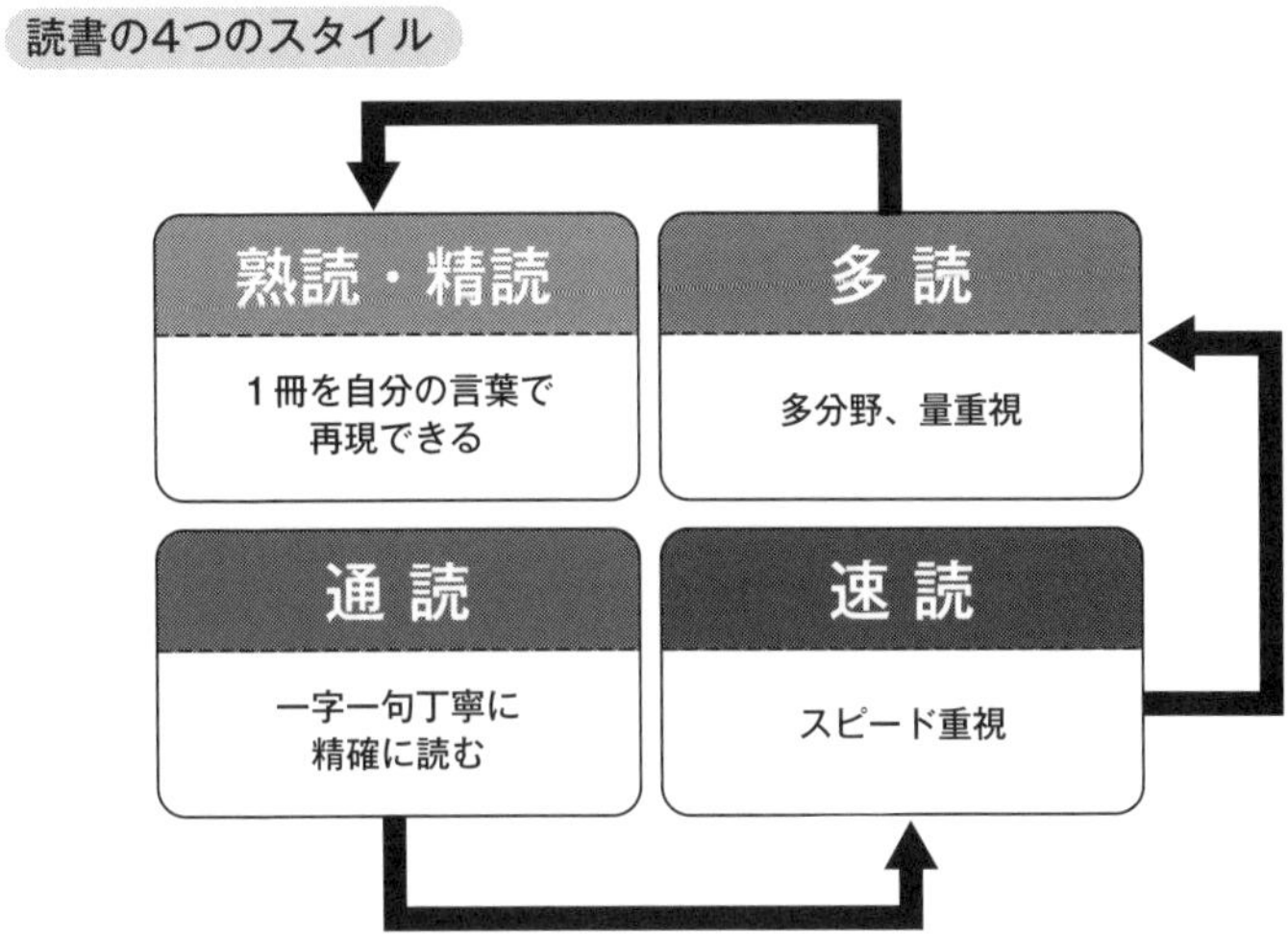
読書の4つのスタイル
熟読・精読
1冊を自分の言葉で
再現できる
多読
多分野、量重視
通読
一字一句丁寧に
精確に読む
速読
スピード重視

する、熟読・精読です。

熟読・精読は、情報を一気にあなたという媒体を通して、知識化することです。あなた独自のアイデアや知識はそれだけで価値があります。また、その知識に市場ニーズがあれば、さらなる価値があることでしょう。

この知識創造社会のテーマは、一人ひとりに合った解決案を提供すること。そして、ロンドンビジネススクールのリンダ・グラットンが言うように、**時代の要請は大量消費から、情熱を傾けられることのできる体験やサービスにシフト**しています。

それでは、知識をどのようにお金に換えていくのか？

またどのようにすれば、読書から成果を挙げる人に変わっていくのか？

ここからは、そんなことをお話ししていきましょう。

なぜ、年収が高い人ほど読書家なのか？

年収が高い人ほど、読書家。

読書とお金は一見、何の関わりもないように見えます。しかし、その人の書斎に行けば、その人の人生や価値観がわかるというもの。このことは僕が学生時代に100人を超す経営者に会ってみた結論です。

この僕の体験は、本当なのでしょうか？

客観的なデータを見ていきましょう。

財団法人出版文化産業振興財団が2009年に発表した『現代人の読書状態調査』によれば、一般的な日本人成人の読書量は月に1冊程度。まったく本を読まない人が4人に1人といわれています。

この調査の中で、世帯年収が高いほど読書量は多い傾向にあるといいます。

1か月に最低3冊本を読むのは、世帯年収が「1500万円以上」の人がもっとも多く40・5％。1か月に1冊も読まないという人の数字も世帯年収が「1500万円以上」がもっとも少なく、9・5％。「0冊」と回答したのが一番多かったのは「300〜500万円未満」の人で28・8％となり大きく差がつく調査結果が出ています。

読書の時間に関しても、年収が関係していくことが雑誌などの特集でわかっています。

雑誌『プレジデント』の2012年4・30号「仕事リッチが読む本　バカを作る本」の中で、ビジネスパーソン1000人にアンケートをしたところ、つぎのような結果が出ました。

年収500万円台の半数近くは1日5分未満に対し、**年収1500万円以上の4割の人は1日平均30分以上**と、読書の時間に関しても、年収と関係していることがわかりました。またこの調査でも年収1500万円以上の34・6%の人が1か月に4冊以上の本を読んでいると報告しています。

通常の一般書は、200ページ前後。直接関係があるとはいいにくいのですが、年収1500万円の人は1日の平均が30分で1か月3～4冊以上読んでいます。1週間に1冊の計算になるので、1冊2時間半～3時間半かかったことになります。

レゾナンスリーディングは、1冊20～30分で読める読書法ですので、5～9倍。つまり、**マインドレベルでは、年収7500万～1億3500万円クラスの情報量を手に入れることができる**ということです。

ビックリですね。20〜30分で読めるようになることで、あなたは年収7500万円のマインドを手に入れることができるんですから。

ただし、実践が必要です。京セラの会長の稲盛和夫さんが『生き方』の中でいわれているように「知っていればできる」と思ってはダメです。**「知っている」と「できる」の間には大きな溝があります。学んだものを現場で実践し、試してみるのが大切です。**

だから、まとまった情報を得られる本を読み、得た情報を実践し、実践という経験を知識化することで、はじめて多くの富が得られるのです。

「でも、本当かな?」、そう、思いますよね。僕も本当かなと思ったので、いろいろとその後もリサーチしてみました。するとおもしろいことがわかったのです。

世界一お金持ちと読書の関係〜ビル・ゲイツとウォーレン・バフェットの読書量とは？

世界一のお金持ちといえば、誰を思い浮かべるでしょうか？

「マイクロソフト創業者のビル・ゲイツ」

「世界一の投資家、ウォーレン・バフェット」

多くの人がこの２人を思い浮かべます。この２人は卓越たる読書家なのです。

ビル・ゲイツの父親であるウィリアムは、腕利きの顧問弁護士でした。

「自分が死んだら、相続税だけで６８０万ドルになる」と語ったほどのお金持ち。ビル・ゲイツは、そんな父に育て上げられ、自分のロールモデルは、両親だと語っていたそうです。そして、両親は、まさに「知識の泉」。

知識を習得し思考する習慣を子どものときに身につけたゲイツは、成長してからもそれを続けているそうです。

平日は1日1時間以上。週末にはさらに多くの時間を読書に費やしているというのです。自宅には私設図書館があり、1万5000冊以上の書物があるそうです。

また、ゲイツは、知識の幅を広げるため、毎週少なくとも1冊以上のニュース週刊誌に、隅から隅まで目を通す。「興味のある科学やビジネスのページしか読まなかったら、雑誌を読む前の僕と読んだ後の僕には何の変化もないからね」と語っています。

同様に、世界一の投資家、ウォーレン・バフェットも学究的な日々を送っています。

バフェットの長年の相棒、バークシャー・ハサウェイの副会長を務めるチャールズ・マンガーは、バフェットのことをこのように語っています。

「バフェットの時間の使い方は、**働いている時間の半分以上の時間を『読書』に費やしている。**彼はゆったりと結果を待っているのだ。

その他の時間は、人と一対一で会っているか、電話をしている。バフェットの生活は極めてアカデミックだ。彼が世界的な成功をおさめているのは、日々、学びつづけているからだ」

読書をして情報を得て、実践し知識化すれば、私たちは彼らの年収を得られるかもしれないのです。

夢をかなえる力が読書にはある

夢や想《おも》いをかなえる力が読書にはあります。

先ほどもご紹介したウォーレン・バフェットが5歳のときにもった夢は「たくさんお金を稼いで、金持ちになること」だったそうです。大恐慌の最中に生まれたバフェット少年は、多くの子どもたちと同じ夢をもちました。

それではいったい、バフェット少年とその他大勢の人との違いはどこにあったのでしょうか?

それは自分の夢をかなえるための行動計画をもっていたことにあります。

バフェットは子どものころから、金持ちになるための多くの本を読んでいました。

読んでいたのは、『1000ドル儲《もう》ける1000の方法』などのビジネス書。

こうした本を通じて、**金持ちになるための計画を集め、整理し、自分なりの行動計画を実行していた**のです。

夢をかなえている人の多くは、どんな自分になりたいのかのイメージが具体的です。スポーツ界では、野球のイチロー選手、サッカーの本田圭佑選手、テニスの錦織圭選手。芸能界では、Perfumeの大本彩乃さん、女優の多部未華子さんなど。

彼らの卒業文集を見ると、**どんな自分になりたいのか、明確にしている**のがわかります。

読書をするときも同じです。ただ読書をするのではなく、目的をもってどんな自分になりたいのかをイメージして、そしてその自分になるための行動計画を立てて、実行することが大切なのです。

明治維新を起こした、明治の志士たちも同じように目的をもって学問をしていました。門下から渡辺崋山《わたなべかざん》、佐久間象山《さくましょうざん》、安積艮斎《あさかごんさい》などを生んだ儒学者の佐藤一斎《さとういっさい》は、

「学問をはじめるには、必ず立派な人物になろうとする志を立て、それから書物を読むべきである。そうではなく、ただやみくもに、自己の見聞を広め、知識を増やすためにのみ学問をすると、傲慢な人間になったり、悪事をごまかしたりする心配がある」

ということを言っています。ちなみに、西郷隆盛は佐藤一斎の言葉を座右の銘にしており、とくに心に響いた一斎の言葉を１０１選び、『手抄言志録』という本まで作ったそうです。

成功前夜の人が必ずしているワークをしてみよう

それでは、どのような自分になりたいのか考えていきましょう。

あなたは3年後にいったいどんなことをしているでしょうか?

まず、あなたの年齢に3歳足してみましょう。

あなたの年齢 □ ＋3歳＝ □

その年齢であなたはどんな人と一緒にて、どんな場所で活躍をしているか、さらに住んでいる場所や、行っていることを明確に書き出してみましょう。

思いつくままに、妄想で答えていきましょう。

3年後のあなたの未来

・WHO（誰）　誰と一緒にいますか？
・WHERE（場所）　どんな場所にいますか？
・WHEN（時）　3年後の何月何日ですか？
・WHAT（やっていること）　どんなことをしていますか？
・WHY（理由）　なぜ、そのことをしているのですか？
・HOW（方法）　どのようにして、それを実現していますか？

今度は、思い切って、＋10歳してみましょう。

あなたの10年後はいったいどんなことをしているでしょうか？

あなたの年齢［　　　］＋10歳＝［　　　］

10年という歳月は非常に強力です。

いまあなたが、30代であれば、40代に変わってしまうし、20代であれば30代。10代であれば20代。大きくライフスタイルも変わってしまいます。

それでは先ほどと同じように、10歳足した年齢のあなたで、どんな人と一緒にいて、どんな場所で活躍をしているか。住んでいる場所や、行っていることを明確に書き出してみましょう。

思いつくままに、妄想で答えていきましょう。

10年後のあなたの未来

・WHO（誰）　誰と一緒にいますか？
・WHERE（場所）　どんな場所にいますか？
・WHEN（時）　10年後の何月何日ですか？
・WHAT（やっていること）　どんなことをしていますか？
・WHY（理由）　なぜ、そのことをしているのですか？
・HOW（方法）　どのようにして、それを実現していますか？

僕はこれまで成功者と世間から呼ばれる多くの人に会ってきました。

精確にいうと、その3分の1の人は、出会った当初、まだ成功していない成功前夜の人たちでした。

その成功前夜の人たちの大半が、このようなワークに近いものをやっていました。

彼らは、自分の10年後を明確にしているから、将来、どういう世界に行きたいかわかっていました。どんな人生を送っているか、ビジネスの種類、一緒にいる人、やっている場所、どういうノウハウを用いているのか明確でした。

成功する人は、共通して、もう成功している10年後にいるような素振りで、未来のことを語っていました。

そして、**いまから1年後は、3年後は、5年後は何をすればいいのか、未来の自分から見てどうするのかがわかっていました。**

人生が予定通り進むとは限りません。どんな完璧な計画をもっていても、その計画通りに物事はなかなか進まないものです。しかし、航海や探検をするときに、地図があるかないかで、その冒険の成功確率は大きく変わります。

あなたは、10年後どんな人になっていますか?

さっそくその10年後の自分になるために、読書をしましょう。

読書で人生を変えるために役立つツール①～夢の実現編

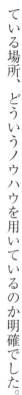

ここであなたが読書をして、人生を変えたり、夢をかなえたりするためにおすすめのツールを3つ紹介します。

ひとつは、インターネット業界大手の、**GMOインターネットグループ熊谷正寿代表がつくった「夢・人生ピラミッド」**です。

じつは僕もGMOインターネットで働いていたスタッフでした。学生時代に、熊谷正寿代表の『一冊の手帳で夢は必ずかなう』『20代で始める「夢設計図」』を読んで感動して、求人に応募し働いていました。

そのときに、当時人事担当役員のS取締役と部長のKさんに人生と仕事で大切なことして熊谷代表の考え方を教えていただきました。現在の僕があるのはその教えによってです。その教えの中でも、一番影響を受けているのが、この2冊の本でも紹介されている**「夢・人生ピラミッド」**です。「夢・人生ピラミッド」は217ページ・一番上の図のようなものです。

基礎レベルが「知識・教養」「健康」「心・精神」の3つ、実現レベルが「仕事・社会生活」「家庭・プライベート」の2つ、そして頂点の結果レベルが「経済・モノ・金」で構成されたピラミッドです。

僕なりの簡単なやり方をご紹介しますと、まず、やりたいことリストをつくります。このやりたいことリストは、一生涯にやりたいことやなりたいことをすべて書き出すもので、10年後20年後に自分がどうなっていたいのかイメージして書くのがポイントです。もし細い付せんがあればこれに書き出すと転記が楽です。そして、やりたいことリストで書いたものを、「夢・人生ピラミッド」の6つのカテゴリに当てはめていきます。

「夢・人生ピラミッド」に当てはめてみて、足りない部分やバランスを見ていきます。ピラミッドの一番下の「基礎レベル」がすべてかなえられたら、実現レベルの成功の確度は高くなり、自《おの》ずとピラミッドの頂点の結果がついてくるようになります。

たとえば、「年収3000万円稼ぐ」という「経済・モノ・金」面でのやりたいことがあったとしましょう。そのときに、土台となる基礎レベルの「知識・教養」の部分に、「税務、会計、法務の知識を学び専門家の話がわかる」など実現するために必要な要素が書かれていなかったら、実際に稼ぐことができても、実現は難しくなります。

また、年収3000万円稼ぐとしたら、仕事はそれなりにハードです。健康面で、

夢・人生ピラミッドのつくり方

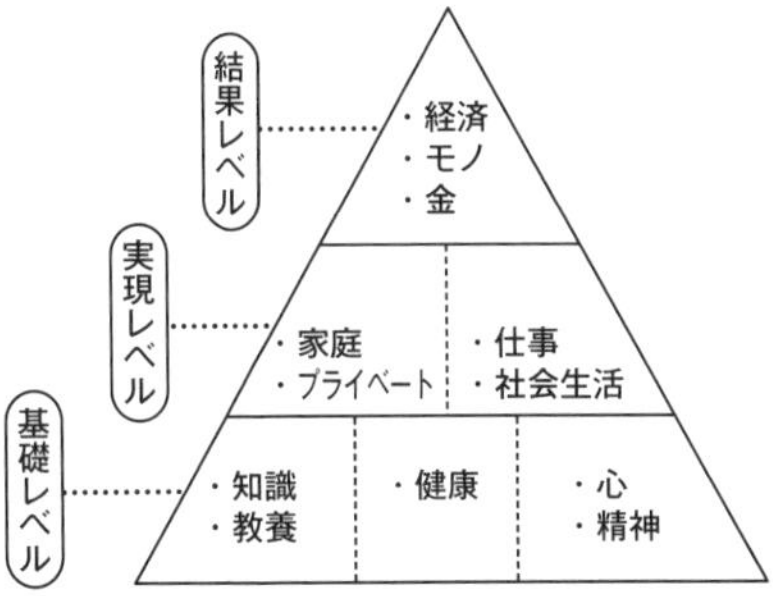

熊谷正寿氏がつくった「夢・人生ピラミッド」です。
※出典：『一冊の手帳で夢は必ずかなう』（かんき出版）

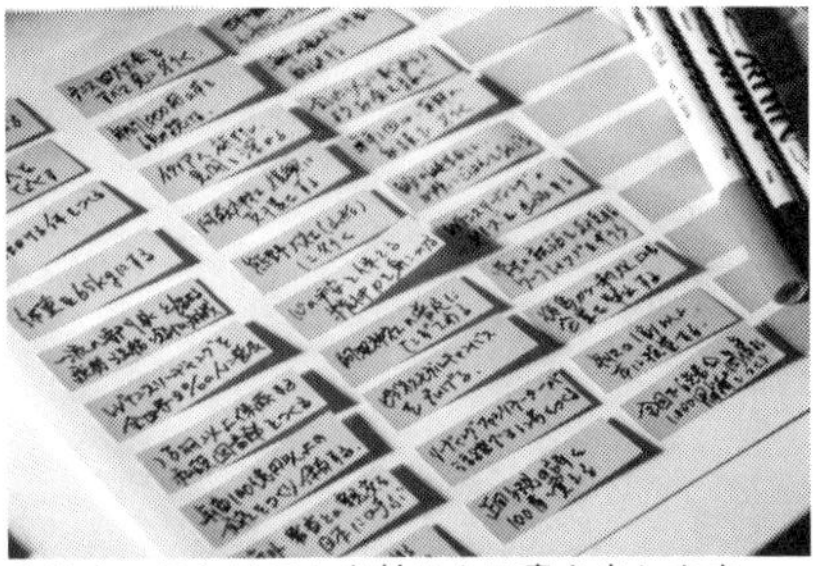

やりたいことリストを付せんに書き出します。

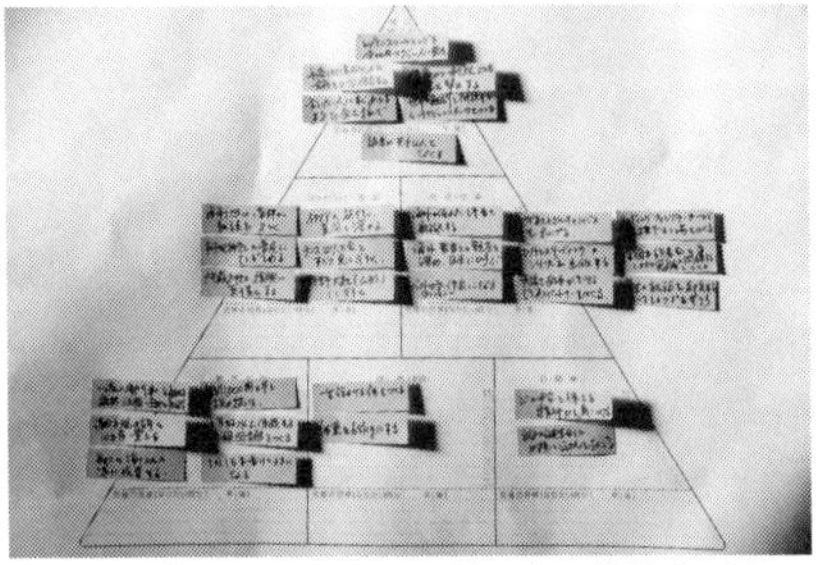

付せんを当てはめてみて、足りない部分やバランスを見ます。

「一生働ける肉体をつくる」などとなかったら、その夢のバランスは悪く、たとえ実現しても、体調を崩してしまう可能性ももっています。経営者の場合、ビジネスの調子が悪くなるのは、経営者の体調が大きく関係しています。

このように、**「夢・人生ピラミッド」の6分類に、自分のやりたいことを当てはめてバランスをとっていきます。**そして、空欄になってしまっている部分を新たに考えていきます。

この「夢・人生ピラミッド」を通してみると、自分に何が足りなくてつぎにどのような本に挑戦すればいいのかがハッキリしていきます。

あなたもぜひ、**この「夢・人生ピラミッド」をつくって、そこから、どのような本を読むのか、その計画を立ててみましょう。**そして、決めたその本やジャンルの中から、日々たんたんと1冊ずつ読んでいきましょう。

このルーティンが、あなたの夢から行動をつくり、行動は習慣をつくり、習慣は人格をつくり、人生を変えることができます。

だいたい、**大きく変わってきたと感じるまで3年。変わったと感じるには21日間です。**ぜひ、挑戦してみましょう。

知識創造メソッド「フューチャーマッピング」

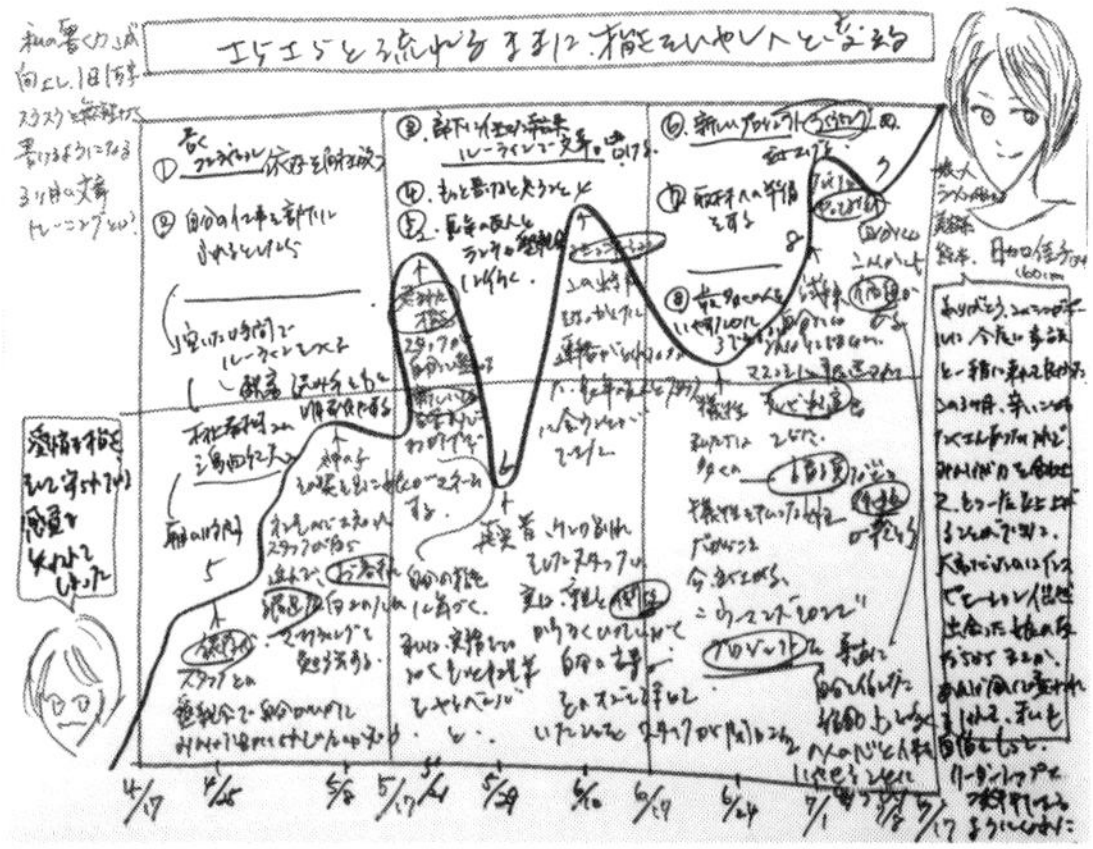

僕が書いたもので、熊本にいる大切な4人の友人の頭文字をとって、想像上の人物、日加さんをハッピーにしようと書いたものです。

読書で人生を変えるために役立つツール②〜未来のビジョン編

もうひとつのツールは、「フューチャーマッピング」です。フューチャーマッピングは、『全脳思考』や『ストーリー思考』で紹介されている手法で、経営コンサルタントで作家の、神田昌典さんによって開発された日本発の知識創造メソッドです。

このフューチャーマッピングを活用することによって、**未来のビジョンを描き、逆算することで、これから何をすべ**

きなのか、自分の思考の枠を超えて行動計画を導き出すことができます。

フューチャーマッピングは、三幕二部構成の6マスで構成されています。左上には、達成したい課題を書き、右上側に著者ではなく、120％ハッピーにしたい対象者を書きます。そして、曲線を描き、その対象者がハッピーになるストーリーを書き、そのストーリーから、課題達成に向けたヒントを得て、行動計画を書きます。

僕自身もフューチャーマッピングを日ごろからビジネスで活用しています。過去には描いたチャートから、ビジネスで2億2500万円の事業を落札できたり、新規事業やサービスを立ち上げたり、新しい教育ツールを生み出したりするのに役立ててきました。そして、本書を執筆するにあたっての行動計画も、このフューチャーマッピングを活用しています。

じつは、このレゾナンスリーディングの原型は、フューチャーマッピングをヒントに生み出されました。紙1枚という発想や、曲線、三幕といった発想はフューチャーマッピングからきています。そのため、いくつか共通することがあります。

ここまで読まれたあなたなら、フューチャーマッピングもすぐ理解することができると思います。このレゾナンスリーディングがいい読書法だなと思われましたら、ぜひ、レゾナンスリーディングの母のような「フューチャーマッピング」も試してみてください。きっと、あなたのビジネスや日常に役立つことでしょう。

読書で人生を変えるために役立つツール③ ～ビジネススキルアップ編

読書をして、人生を変えるおすすめのツールのもうひとつは、全世界的なベストセラーになった『ビジネスモデル・ジェネレーション』で紹介されている「ビジネスモデルキャンバス」です。

紙1枚で経営者と同じ視点でビジネスモデルをつくることができるビジネスツールです。僕も原書が発売されて以来ビジネスで使い、成果を挙げることができています。

このビジネスモデルキャンバスを使いながら、ビジネスのスキルアップに必要な情報や知識を身につけていくと、結果を挙げられるビジネス人材になることができます。

ビジネスモデルキャンバスは、ビジネスに必要な9つの要素でできています。

223ページの図にあるように、経営資源を表す「キーリソース」、売上を伸ばす活動である「主要活動」、自社のビジネスを外部から支える「キーパートナー」、お客を表す「顧客セグメント」、そのサービスや商品やビジネスの価値を表す「価値提案」、サービスや商品をお客に届けるといったマーケティング活動を表す「チャネル」、顧客との関わりを表す「顧客との関係」、そして、「収益の流れ」「コスト構造」の9つの要素でできています。

ビジネスはシンプルにこの9つでできています。この経営者はこの9つの要素を軸に会社を経営しています。**ビジネス書の多くはこの9つのことを考えて購入するといいでしょう。**

たとえば、自社の売上を伸ばす活動をしたいと考えたとします。

売上は、大ざっぱにいえば「単価×数量」です。単価と数量のどちらか、もしくは両方を上げるしか売上は伸びないのです。単価を上げる戦略は、顧客の1回当たりの単価を上げるか、それとも商品の単価を上げる営業方法を学ぶ必要があります。

ビジネスモデルキャンバス

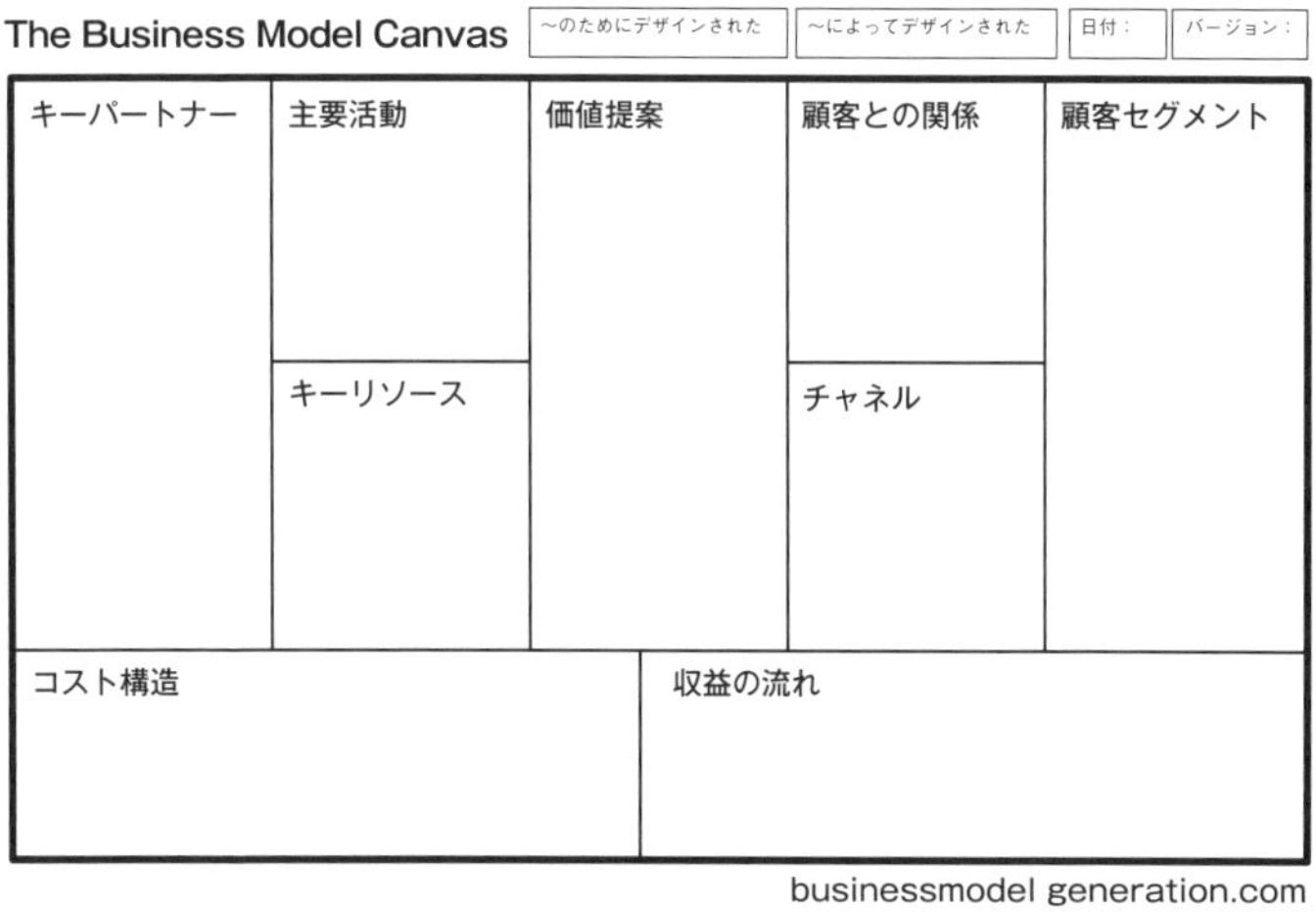
The Business Model Canvas
～のためにデザインされた
～によってデザインされた
日付：
バージョン：
キーパートナー
主要活動
キーリソース
価値提案
顧客との関係
チャネル
顧客セグメント
コスト構造
収益の流れ
businessmodel generation.com

スキルアップにつながる本を当てはめ読書ポートフォリオをつくろう

顧客との関係
顧客セグメント
チャネル
コミュニケーション力
マネジメント入門
マーケティング戦略

数量を上げるのであれば、より多くの人にその商品やサービスを知ってもらうためのチャネル、すなわちマーケティングを学ぶ必要があります。

また、今度はコストカットをしたいのであれば、「キーリソース」に注目します。キーリソースは経営資源。すなわち、システムや工場や特許、権利、人件費などが含まれています。人材をいかすためのマネジメントを学んだり、システムや工場の仕組みの最適化を図るマネジメントを学んだりする必要があります。

あなたがビジネスの世界で成果を挙げたいのであれば、このビジネスモデルキャンバスを参考にしながら、**これからのあなたのスキルアップにつながるビジネス書や経済、経営などの専門書を入れた、読書ポートフォリオを作成してください。**

実際に、レゾナンスリーディングを学ばれた方にアンケートをとってみると、**「およそ7割の人が、学ぶ以前よりも収入がアップした」または「アップしそう」だった**という報告もあります。

ぜひ、あなたも読書ポートフォリオを作成してください。きっとあなたのビジネスキャリアが飛躍していくことでしょう。

本のメンターチーム「本のドリームチーム」をつくろう

人生とビジネスに関しての読書ポートフォリオをつくることについて、ここまでお話ししてきました。このポートフォリオに加えて、**本のメンターのチームである「本のドリームチーム」をつくることをおすすめします。**

各界の有名人は、何か問題が起こったときや悩んだときに、脳内の「ドリームチーム」に相談することがあるといいます。

ヒラリー・クリントンは、夫のビル・クリントンが大統領に在任しているとき、会議室で歴代大統領をイメージの中で呼び出して、歴代大統領ならどのような決断をしていたのか考えていたそうです。

また、アマゾンの創業者のジェフ・ベゾスは、会議室に誰も座らない椅子を持ち込み、そこにアマゾンにおけるもっとも重要な人物である顧客が座っているよう会議の参加者にイメージさせているそうです。このことにより、アマゾンは顧客視点に立ったよりよいサービスをつくりつづけているのです。

僕の頭の中にも、**「こういう問題が起こったら、この本をもう一度読み直そう」**という「本のドリームチーム」があります。

僕が学生時代から尊敬する人は、ベンチャー企業家や経営コンサルタント、スポーツの一流選手などです。

こうしたメンバーで「本のドリームチーム」を構成しています。

ベンチャー起業家では、GMOインターネットグループの熊谷正寿代表、楽天の三木谷浩史社長、サイバーエージェントの藤田晋社長。ベンチャー起業家は自伝もしくはノウハウ本を出しているので、その本を読むだけでも起業の流れから、ビジネスを成功に導く原理がわかるものです。

また、経営コンサルタントの本は、実務経験のあるコンサルタントの本がおすすめです。とくに僕は神田昌典さんの本に影響を受けました。神田さんは、その時代によってテーマが異なり、経営コンサルタントとして、会社経営者として、さらには作家としてらせん状に変化し、前進しつづけています。

また海外コンサルタントの本もドリームチームの一員です。ヨーロッパのイノベーションコンサルタントのハイス・ファン・ウルフェンの『スタート・イノベーション！』など、実際に企業でイノベーションを起こし、事業を興した経験のある人が書いた本にはエネルギーがあります。

アカデミックな分野では、ドラッカーの弟子であるジム・コリンズの『ビジョナリー・カンパニー』やアレックス・オスターワルダー、イヴ・ピニュールの『ビジネスモデル・ジェネレーション』です。

「本のドリームチーム」の本は何度読んでもいいのです。繰り返し読んでも、常に新しい発見があって飽きません。

それは、自分自身が成長して、はじめて読んだときと視点が変わっているからです。あのとき気づけなかった発見により、自分の成長を確認できて人生がまた楽しくなります。

頭の中の「本のドリームチーム」。あなたはどんなメンバーで構成しますか？

まずは新聞や雑誌の本の特集などで紹介されている**経営者や俳優などがすすめている本から手に取ってみましょう。あなたが心に浮かべた人の本を手にすること**で、いつでもその人はドリームメンバーとなって、**あなたに対してサポートしてくれるので**す。

あなたは、その本をレゾナンスリーディングで読むだけ。それだけで、理想的なメンバーから、いま困っていることのヒントや解決策となるアドバイスをもらうことができます。

読書は著者の脳を使って安く速く才能を磨く便利なツール

本には時空を超える力があります。

記憶媒体の中でも、紙は記憶メディアといわれているものよりもはるかに長く、時には数百年を経ても読むことができるツールです。

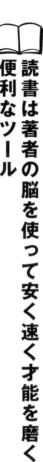

本は、著者がその人生とエネルギーをかけて書いています。

1冊の本につぎ込む情報には、その著者がこれまでにしてきた経験や知識が多数詰まっているのです。

本書も、およそ100冊の参考文献、そしてこれまでに僕が読んできたおよそ1万5000冊の本のエネルギーを受け取って書かれています。

仮に1冊の良質なビジネス書が100冊の専門書から書かれているとしましょう。専門書はだいたい2000〜4000円。平均3000円とした場合、その本をつくるだけで30万円のお金がかかっていることになります。

また、海外の著者に聞いたところ、1冊の本に1〜2年かけているそうです。海外の著者の平均年収を1500万円と考えた場合、それだけで、2000〜3000万円のエネルギーが詰まっているのです。

それを1冊1500円で入手できるのですから、**本を買うことは、費用対効果の高いものです。**しかも、レゾナンスリーディングを行えば、一般的に200ページ2時間かかる本から6倍のスピードで、自分の欲しい情報が手に入ります。

それも、ただ、その著者の言動を疑似体験するだけでなく、その著者があたかも目の前にいるような感じで、あなたの悩みや課題に対して、間接的にメッセージをくれるのです。

うまく活用すれば、もっとも安く、速くあなたの才能を磨くことができます。

著者の頭脳を借りる読書法「レゾナンスリーディング・ジーニアスプロセス」

著者の頭脳を借りる具体的な技法を紹介しましょう。

「レゾナンスリーディング・ジーニアスプロセス」という手法です。

このプロセスは、『アインシュタイン・ファクター』の共著者で知られる、ウィン・ウェンガー博士の「ルネッサンス・プロジェクト」(http://www.winwenger.com/) で紹介されている技法を参考に生み出されたものです。

準備するもの

・頭脳を借りたい著者の本と、その本のレゾナンスマップ
・付せんとペン

レゾナンスリーディング・ジーニアスプロセス

①日常でこれさえ解決できればという質問を6つ以上書く
②その質問をひとつの質問に対し、1枚付せんに書き、三つ折りにして中が見えないようにする
③頭脳を借りたい著者の本とその木のレゾナンスマップを手元に置く
④質問が書かれた付せんと本を右手で持つ。その状態で、レゾナンスマップに書かれているラインを左手でなぞる
⑤「この質問に答えてくれる場所はどこですか?」と問いかけ、左手に身を任せる
⑥左手が止まったところを見て、何ページかを確認する
⑦ページを開く前に、まず、折りたたんだ付せんを開き、質問を見る
⑧質問を見たら、すぐにそのページを開く。そして、そのページからその質問に答えてみる

⑨質問がなくなるまで、④〜⑧を繰り返す

この手法は、著書もしくは「本のドリームチーム」のメンバーがあなたの日常に対して、具体的なアドバイスをくれる方法です。

質問は6つ以上にすることがポイントです。2001年ミズーリ大学のネルソン・コーワン教授の「マジックナンバー4±1」という研究で、人間のできる短期記憶の情報数は4±1だということがわかっています。

レゾナンスマップの矢印を6つ以上にしているように、ここでの質問を6つ以上にすることで、自分の意識を超えたところから、著者もしくは本のドリームメンバーからのアドバイスをもらうことができます。

原書で読めばその分野の一流の人とつながれる

洋書の読み方に関しては、4章でおすすめしました。

ここではそのメリットについてお話しします。

本を原書で読むことを続けていると海外の著者とも交流が生まれます。そして、時に人生が大きく飛躍することがあります。

2015年に「Thinkers50」（世界でもっとも影響力のある経営思想家）に選ばれたイヴ・ピニュールさんとの出会いは衝撃的でした。

日本でも、ベストセラー、ロングセラーになった『ビジネスモデル・ジェネレーション』の原書が海外で出たときに、僕はイヴさんにフェイスブックで恐縮しながら、友達申請をしていたのです。そして、それから1年後、突然メッセージがきました。

「『ビジネスモデル・ジェネレーション』の著者のイヴです。今年はアジアにいます。今月末、東京に旅行に行きます。康弘さんは、東京に住んでいますか？　よかったら会いませんか？」

それでイヴさんと会うことになり、そこから僕の人生がさらに飛躍したのです。

このとき、英語をしゃべるのが苦手だった僕は、当時外資系の製薬会社で働いていて、英語が堪能な山本伸さんに同席を頼んで、イヴさんに会ったのです。その後、山本さんとは、一緒にビジネスモデルイノベーション協会の立上げをすることになります。

ビジネスモデルイノベーション協会は、イヴさんが開発された「ビジネスモデルキャンバス」を日本に広げる活動をしている協会です。『ビジネスモデル・ジェネレーション』の翻訳者で『ＨＡＣＫＳ！』シリーズの小山龍介さんを代表理事に、日本の優れたビジネスモデルを世界へと発信することをコンセプトに発足したものです。

この協会をつくったのもイヴさんとの出会いですので、人生の出会いというのは不思議です。

また、ヨーロッパで、有名なイノベーションコンサルタントのハイス・ファン・ウルフェンさんとも、原書を読んでいたことがきっかけで知り合いました。

僕は、時に出版社から、翻訳書のリサーチやアドバイス、リーディングの仕事をさせていただくことがあり、そのご縁で知り合いました。いままでは、ハイスさんを日本にお呼びして、企業にイノベーションを起こす、ＦＯＲＴＨイノベーション・メソッドを広げています。

本を知った瞬間の行動が良縁を生む

「最近読んでおもしろかった本は何ですか？」

「これまで読んだ本の中で一番おもしろかった本は何ですか？」

僕がいいなと思った人に出会ったとき、よくしている質問です。

そして、聞いたらその場でスマホを見る許可をもらって本を買います。

もちろん、フェイスブックやツイッターなどのＳＮＳでも同様に、紹介されている本がおもしろいと感じたらすぐその場で買います。

本はそのタイトルを知った瞬間がベストタイミングです。

その場で買ったことを相手に伝えるだけでも、喜んでくれますし、何よりこの人は行動が速いと評価されます。

さらにレゾナンスリーディングは、すぐに本が読め、自分にとってどの点が役に立ったのかわかりますので、時間にほんの少し余裕があれば、その紹介者にすぐ御礼のメッセージを送ることも可能です。

そうはいっても、ついモタモタして買わなかった本も多くあります。後で、「あの本何だっけ」と思い出せず、その本の旬が過ぎてしまうのです。

読書家の僕にとって、**最新ビジネス書というのは、発売から3日以内に読むのがポリシー**です。なぜなら、情報のひとつの価値というのは、いかに速く手に入れるかにかかっているからです。

また**知った段階で動いてみると、思いもよらない結果をもたらすこともあります。**

福島で中小企業のコンサルティングや顧問を行っている阿部憲夫さんから教えてもらった本もそうでした。

ある会合で、中国古典の話で盛り上がり、突然、阿部さんから「あさかごんさいって知っている?」と聞かれました。尋ねると、「安積艮斎」だと教えてくれました。

いまでこそ、「安積艮斎は吉田松陰や岩崎弥太郎の師であり、佐藤一斎の弟子。福島、郡山を故郷にもつ、江戸時代末期の伝説的な儒学者」と答えることができます。

しかし、当時は何も知りませんでした。そのときに、すぐアマゾンで本を注文したことをきっかけに、**長年ずっとわからなかった手がかりを手にすることができたのです。**

当時から、レゾナンスリーディングが、「なぜできるのか？」、この問いをずっと追いかけていました。また「私たちはいつから黙読ができたのだろうか？」、そんな疑問をもっていました。

そこで読書の歴史をたどると、アウグスティヌス（354〜430年）の『告白』で、黙読の様子が描かれています。アウグスティヌスの師でもある、聖人アンプロシウスが目でページを追い、心で意味を探っていたが、声と舌は休んでいたという記述です。この黙読の様子が、西洋の文献上もっとも古いとされています。

では、東洋ではどうかというと、中国北宋代の政治家、詩人、書家として知られる蘇軾《そしょく》の残した詩があります。1083年2月に詠んだ詩の中に、「不如黙誦千萬首（千万首を黙唱するに如《し》かず）」というフレーズがあります。この詩は、流罪にあった当時48歳の蘇軾が黄州（湖北省）という地で、挫折経験という自身の不幸を、楽観的により前向きに、乗り越えようと努めた内容の詩です。

この蘇軾について、当時まったくイメージできませんでした。

でもたまたまそのとき買った、『安積艮斎』という本の中に、蘇軾について書かれていたのです。

そこには、「蘇軾の三寸の筆で書かれた詩は素晴らしく、人柄を想像させ、何世代も後になっても語り継がれる。赤壁の戦いの周瑜の知略の功績よりも、蘇軾の文章の方が優れている。これこそ文章の力である」ということが書かれていました。

こうつながっていくと、今度は安積艮斎にもより興味が増し、安積艮斎のゆかりの地を訪ねます。故郷である郡山に行き、安積国造神社に行ったり、東京の湯島聖堂に行ったりします。そこでもまた新しい発見があって、どんどん知識としてつながっていきます。

このように**つながってくるのが、読書の醍醐味《だいごみ》**でしょう。一見するとまったく結びつきようのなかったことが、いろんな本や人との出会いによってつながっていきます。得た情報が、すぐに行動するからこそ自分自身を変える知識になっていきます。

こういう経験をしてしまうと、読書と行動をついつい続けてしまうのですよね。

こういう経験をしているからか、僕もいろいろな人に、「最近読んでおもしろかった本はどのような本ですか?」と聞かれることも多くなってきました。そういうときには、再度聞き返しています。

「あなたはいま、どんな課題をもっていますか?」

その課題を聞いたら、「この本を読むといいですよ」とさっとタイトルと著者名とだいたいの概要を伝えます。

結果を挙げる人はやはり、行動が速いです。すぐその場で買って、翌週には御礼のメッセージが届き、さっそく行動して結果が挙がったことを報告してくださいます。

あなたも人に会ったらさっそく、よかった本を聞いてみましょう。

読書をした後は、前向きな錯覚をもとう

物理学研究者で、『ホーキング、宇宙と人間を語る』の共著者で知られるレナード・ムロディナウは、物理学研究者の立場から、脳科学や認知心理学を分析した『し

らずしらず』という本の中でこのように結論づけています。

「自分自身に対する前向きな『錯覚』を持つことが、個人と社会の両面で利点となることを実証した研究が多数ある。人生の出来事は物理の現象と違って、いくつもの理論のなかからどれか一つだけに従うことが多く、実際に何が起こるかは、どの理論を信じるかに大きく左右されるものだ」

読書をした後の行動で重要なのは、この前向きな錯覚をもつことにあります。

多くの成功者に会ってみて思ったのは、自分を信頼していることです。

何より、自分の成功を主観的に見ても、客観的に見ても、うまくいくと固く信じている人がほとんどでした。

実際に、学校を卒業して10年もしてみると、クラスの中でその当時は勘違いをしていると思っていた人が案外うまくいっていた、そうした経験はないでしょうか?

私たち日本人の多くは、自分自身を信頼することをおさえがちです。自分はうまくいくかもしれない。そういう前向きな錯覚をもって、行動することが何よりも大事なのです。

もちろん、行き過ぎた錯覚をもつことは危険です。

起業家のイーロン・マスクが、「新しいことをはじめるときは、物理学の原則に立ち返ることが重要なんだ。物理は時に経験則や勘とは正反対の答えを導き出してくれるからね」と話しているように、時に客観的な原則に戻ることも必要です。

しかし、まだ多くの方はとてつもない成功はしていないのではないでしょうか。**自分を律するのは、とてつもない成功を遂げてからでいいのです。**

まずは、前向きな錯覚をもって、最初は根拠がなくていいので「自分はうまくいく」と、行動をしていくことが大切です。

エピローグ

本を読み終えた後にはじまる、あなたの本当の人生

◆夢が実現する人生のために

本を読めるようになることは人生の目的ではありません。

本を読んで、夢を見つけ、行動し、かなえることが本当の人生の目的です。

ここまで読んで、レゾナンスリーディングを実践したあなたなら、本を20分で読みこなせるようになると保証します。

本を読めるようになりたいと、本書を手に取った瞬間に、あなたは本当の人生に一歩足を踏みいれています。いまの現状を変えたい、もっといまの生活をよくしたい、もっと幸せな人生を歩みたいとの想《おも》いをもって本に触れた瞬間、あなたは過去を癒

し、未来へとつながっているのです。

そして、読書によって、あなたが心からやりたいと思えるものに出合ったら、時間と情熱を注いでください。まずは1週間、168時間のうち、多くの時間をその活動に費やすのです。そうすることで、あなたの本当の共鳴された人生がはじまります。

共鳴された人生とは、あなたの人生の目的に合わせて、シンクロニシティ（偶然の一致）が多発する毎日。

やりたいことが、どんどん速く実現していきます。あまりの実現の加速化に、まるで未来が応援しているかのように思うかもしれません。

◆未来のあなたからの応援のシグナル

マサチューセッツ工科大学のブラッドフォード・スコウ博士は、時間は川のように流れてくるのではなく、過去も未来も、現在の中に存在しているという「ブロック宇宙論」を提唱しました。

この理論が正しければ、映画『インターステラー』が描くように、現在という空間の中、「いまこの瞬間」に未来も過去も存在しているのかもしれません。

「いま」、あなたが本を読んで行動することは、いまのあなたのためだけでなく、同時に、あなたの「未来」と「過去」のためになります。あなたの未来も過去も、「いま」次第です。

さらに、『インターステラー』のように、あなたの未来は、未来から見た過去である「いま」を助けようとしているのかもしれません。

そうした感覚は、はじめて読む本なのにすでに読んだ感じがして、まるで記憶を思い出しているような感じに似ています。もうすでに、ここまで読んで体感されたかもしれません。

その感覚こそ、未来からの応援のシグナル。ぜひ、その感覚を大切にしてください。その本から、ずっとやりたかったけどやれていないものを見つけましょう。

レゾナンスリーディングはまさに、時空を超える読書法です。

レゾナンスの指す「共鳴」とは、心のつっかかりとなっている過去を癒し、あなたの望むよりよい未来を、現在へとつなげること。本というエネルギーを通じて、新しい「いま」をつくる方法なのです。

さあ、あなたが心からやりたいと思えるものに読書で出合い、そして、行動をしましょう。

あなたの真の人生は、本書を読んだことで、もうはじまっているのです。

◆前向きな想いさえあれば、いつだって人生はやり直せる

本書を書き終えたとき、父が本をくれた懐かしい光景が思い浮かびました。

プロローグで、ずっと本が苦手だったというお話をしましたが、苦手なときも、ずっと本を読めるようになりたいと願っていました。

その一番の理由は、父からもらった「赤い本」と「白い本」を読みたかったからだと思います。タイトルは、『小さいことにくよくよするな！』と『生き方』。

10年前、本が読めるようになったとき、この2冊の本を改めて読んだのを思い出しました。そのとき、父がこの2冊の本に込めた思いがわかったような気がしました。

「**前向きな想いさえあれば、いつだって人生はやり直せる**」と。

読書には人生を変える力があります。

そして、本は想いの大きさに合わせて、人と人とをつなぐのです。

本書もそうした、人のご縁で出版することができました。

この良き縁をつないでくださったのは、博報堂の小沼利行さん。小沼さんは、このレゾナンスリーディングを体感して、「ヤスさん、これは世に出さないといけないですよ」と言って、出版社を紹介してくれました。

紹介してくださった出版社は、父がくれたあの「赤い本」と「白い本」の版元。サンマーク出版だったのです。紹介が決まったときに、僕はホームページを見てみて、ビックリ。だって、**「手のひらに、一冊のエネルギー。」**と書いてあったのです。

サンマーク出版の植木宣隆社長は、代表挨拶のページで、

「著者をはじめ、関わったすべての人の熱と力が一冊の本に転写され、読者へと送り届けられます」

「エネルギーの高い本と出合った読者は、もはや自分の中だけにその力を押しとどめておくことはできません。他の人に内容を話したくなったり、本をプレゼントしたくなるはずです」

と話されています。

「手のひらに、一冊のエネルギー。」「転写」……。これは、レゾナンスリーディングの真髄ともいうべきフレーズです。そのフレーズが書かれていたことに、不思議なご縁を勝手に感じてしまい、まだ出版が決まってもいないのに、サンマーク出版から本書を出せるような気がしていました。そして、編集者を紹介していただいた日から、1年が経《た》ちました。ここに本書があります。

本書を書き終えることができたのは、若輩者の僕を支えてくれた多くの仲間たちと先輩、家族、メンターたち、そして出版社のおかげです。この場を借りて、感謝の意を表したいと思います。

まずは、本書を出版へと結びつけてくださった小沼利行さん。本当にありがとうございます。

そして、未熟な僕と一緒に歩んでくれたレゾナンスリーディングを学んでいるみなさん。素晴らしい体験だけでなく、多くの学びを僕と一緒に共有してくれてありがとう。本書はあなた方の共有なしには、ありえませんでした。

具体的事例をくださった、多胡久さん、高段智子さん、堂丈毅さん、観元眞人さん、新田晃さん、片岡朋子さん、山崎泰央さん、北村志麻さん、内藤史治さん、南部真也さん、生乃三陽子さん。本当にありがとう。1日1行も書けない日が続いたとき、みなさんの事例が救ってくれました。

ビジネスとは何かと、夢をかなえる具体的方法を教えてくれたGMOインターネットグループ熊谷正寿代表。本書に「夢・人生ピラミッド」の掲載許可をいただきましてありがとうございました。

本を読む楽しさと人生を豊かにする方法を教えてくれた神田昌典さん。神田さんの一つひとつの教えなしには、いまの僕はありません。心から感謝しております。

講座開発の楽しさを教えてくれた石ケ森久恵さん。ありがとうございます。

フォトリーディングの開発者のポール・シーリィ博士、マインドマップ開発者のトニー・ブザン先生、世界の教育リーダーにお会いしたことが、本書につながっています。執筆にあたって、小山龍介さん、イヴ・ピニュールさん、ハイス・ファン・ウルフェンさんから多大なるアドバイスをいただいたことに感謝しております。

サンマーク出版の植木宣隆社長、高橋朋宏編集長、黒川精一編集長。営業部のみなさま、流通センターのみなさま。御社から本を出版させていただいたこと、心から感謝をしております。

本書は、数々のヒット作を連発している金子尚美副編集長がご担当してくださいました。金子さんは、本を書くのがはじめての僕に対し、寛容的な心で的確なアドバイス、さらには忍耐強く編集してくださったことで本書が生まれました。

最後に、この若輩者の新しい読書法を読んでいただいた読者のあなた。最後までお読みくださってありがとうございます。心より感謝します。

本書は、読み終えたときに、少しでもあなたの人生が向上することを願って書き上げました。本書があなたを読書トラウマから解放し、あなたのインスピレーションと本当の人生の旅に必要なツールとなったらうれしいです。

本書が多くの人たちの手に渡り、世界中にいる「読書が苦手な人」がいなくなればと願っています。そして、本を好きになる人がどんどん増えて夢をかなえることで、調和に満ちたよりよい世界が訪れることを信じています。

本のもたらすエネルギーで、ひとりでも多くの人に、すべてのよきことが温泉のごとく湧きあふれ、理想的な人生に共鳴された毎日が訪れつづけますように。

渡邊　康弘

参考文献リスト

『お金と英語の非常識な関係』上・下　神田昌典著／フォレスト出版
『あなたもいままでの10倍速く本が読める』ポール・R・シーリィ著、神田昌典翻訳／フォレスト出版
『［新版］あなたもいままでの10倍速く本が読める』ポール・R・シーリィ著、神田昌典監修、井上久美翻訳／フォレスト出版
『バカになるほど、本を読め』神田昌典著／PHP研究所
『読書の歴史―あるいは読者の歴史』アルベルト・マングェル著、原田範行翻訳／柏書房
『本を読む本』J・モーティマー・アドラー、V・チャールズ・ドーレン著、外山滋比古、槇未知子翻訳／講談社
『読みたい、読めない、「読む」の壁』齋藤孝ほか著／ゆまに書房
『告白I』アウグスティヌス著、山田晶翻訳／中央公論新社
『安積艮斎―近代日本の源流（歴春ふくしま文庫）』安藤智重著／歴史春秋出版
『ラインズ 線の文化史』ティム・インゴルド著、工藤晋翻訳／左右社
『The Life of Lines』Tim Ingold著／Routledge
『映画を書くためにあなたがしなくてはならないこと』シド・フィールド著、安藤紘平、加藤正人ほか訳／フィルムアート社
『素晴らしい映画を書くためにあなたに必要なワークブック』シド・フィールド著、安藤紘平、加藤正人、小林美也子監修、菊池淳子翻訳／フィルムアート社
『The Screenwriter's Problem Solver: How to Recognize, Identify, and Define Screenwriting Problems』Syd Field著／Delta
『千の顔をもつ英雄〔新訳版〕』上・下　ジョーゼフ・キャンベル著、倉田真木、斎藤静代、関根光宏翻訳

／早川書房
『英雄の旅 ヒーローズ・ジャーニー』キャロル・S・ピアソン著、鏡リュウジ監修、鈴木彩織翻訳／実務教育出版
『slide:ology［スライドロジー］―プレゼンテーション・ビジュアルの革新』ナンシー・デュアルテ著、熊谷小百合翻訳／ビー・エヌ・エヌ新社
『ザ・プレゼンテーション』ナンシー・デュアルテ著、中西真雄美翻訳／ダイヤモンド社
『ILLUMINATE』Nancy Duarte、Patti Sanchez著／Portfolio
『一瞬で人に好かれる6つの秘密』オリ・ブラフマン、ロム・ブラフマン著、林田レジリ浩文翻訳／フォレスト出版
『フロー体験入門』M・チクセントミハイ著、大森弘監修／世界思想社
『源泉』ジョセフ・ジャウォースキー著、金井壽宏監訳、野津智子翻訳／英治出版
『ジョコビッチの生まれ変わる食事』ノバク・ジョコビッチ著、タカ大丸翻訳／三五館
『ワーク・シフト』リンダ・グラットン著、池村千秋翻訳／プレジデント社
『スタンフォードの自分を変える教室』ケリー・マクゴニガル著、神崎朗子翻訳／大和書房
『レバレッジ・リーディング』本田直之著／東洋経済新報社
『齋藤孝の速読塾』齋藤孝著／筑摩書房
『「読む・書く・話す」を一瞬でモノにする技術』齋藤孝著／大和書房
『戦略読書』三谷宏治著／ダイヤモンド社
『本を読む人だけが手にするもの』藤原和博著／日本実業出版社
『本を読むときに何が起きているのか』ピーター・メンデルサンド著、細谷由依子翻訳／フィルムアート社
『大人のスピード読書法』中谷彰宏著／ダイヤモンド社
『脳が認める勉強法』ベネディクト・キャリー著、花塚恵翻訳／ダイヤモンド社

『脳と視覚』リチャード・L・グレゴリー著、近藤倫明、中溝幸夫、三浦佳世翻訳／ブレーン出版
『だれもわかってくれない』ハイディ・グラント・ハルヴァーソン著、高橋由紀子翻訳／早川書房
『しらずしらず』レナード・ムロディナウ著、水谷淳翻訳／ダイヤモンド社
『The Upright Thinkers』Leonard Mlodinow著／Pantheon
『ひらめきはカオスから生まれる』オリ・ブラフマン、ジューダ・ポラック著、金子一雄翻訳／日経ＢＰ社
『ユーザーイリュージョン』トール・ノーレットランダーシュ著、柴田裕之翻訳／紀伊國屋書店
『フューチャー・オブ・マインド』ミチオ・カク著、斉藤隆央翻訳／ＮＨＫ出版
『レジリエンスの教科書』カレン・ライビッチ、アンドリュー・シャテー著、宇野カオリ翻訳／草思社
『脳科学は人格を変えられるか？』エレーヌ・フォックス著、森内薫翻訳／文藝春秋
『記憶と情動の脳科学』ジェームズ・L・マッガウ著、久保田競、大石高生監訳／講談社
『快感回路』デイヴィッド・J・リンデン著、岩坂彰翻訳／河出書房新社
『いつも「時間がない」あなたに』センディル・ムッライナタン、エルダー・シャフィール著、大田直子翻訳／早川書房
『書きたがる脳』アリス・W・フラハティ著、吉田利子翻訳／ランダムハウス講談社
『大富豪のお金の教え』パン・ヒョンチョル著、吉野ひろみ翻訳／ＣＣＣメディアハウス
『イーロン・マスク 未来を創る男』アシュリー・バンス著、斎藤栄一郎翻訳／講談社
『世界でいちばん大切にしたい会社』ジョン・マッキー、ラジェンドラ・シソーディア著、鈴木立哉翻訳／翔泳社
『一冊の手帳で夢は必ずかなう』熊谷正寿著／かんき出版
『20代で始める「夢設計図」』熊谷正寿著／大和書房
『思考は現実化する』ナポレオン・ヒル著、田中孝顕翻訳／きこ書房
『アインシュタイン・ファクター』リチャード・ポー、ウィン・ウェンガー著、田中孝顕翻訳／きこ書房

『スーパーラーニング』シーラ・オストランダー、リン・シュローダー著／朝日出版社
『エブリデイ・ジーニアス』ピーター・クライン著、神田昌典監修、井出野浩貴、永田澄江翻訳／フォレスト出版
『潜在能力でビジネスが加速する』ポール・R・シーリィ著、神田昌典監修、今泉敦子翻訳／フォレスト出版
『全脳思考』神田昌典著／ダイヤモンド社
『ストーリー思考』神田昌典著／ダイヤモンド社
『ビジネスモデル・ジェネレーション』アレックス・オスターワルダー、イヴ・ピニュール著、小山龍介翻訳／翔泳社
『ザ・マインドマップ』トニー・ブザン、バリー・ブザン著、神田昌典翻訳／ダイヤモンド社
『Speed Reading』Tony Buzan著／Plume
『生き方』稲盛和夫著／サンマーク出版
『人生がときめく片づけの魔法』近藤麻理恵著／サンマーク出版
『シナリオ・プランニング』ウッディー・ウェイド著、野村恭彦監修、関美和翻訳／英治出版
『読んでいない本について堂々と語る方法』ピエール・バイヤール著、大浦康介翻訳／筑摩書房
『小説家の休暇』三島由紀夫著／新潮社
『情報力』長谷川慶太郎著／サンマーク出版
『頭のよくなる本』林髞著／光文社
『Objective Becoming』Bradford Skow著／Oxford University Press
『「知の技法」入門』小林康夫、大澤真幸著／河出書房新社
『ボールド 突き抜ける力』ピーター・H・ディアマンディス、スティーブン・コトラー著、土方奈美翻訳／日経BP社

『言志四録（一）〜（四）』佐藤一斎著、川上正光訳注／講談社
『21世紀の資本』トマ・ピケティ著、山形浩生、守岡桜、森本正史翻訳／みすず書房
『アイデアのつくり方』ジェームス・W・ヤング著、今井茂雄 翻訳／CCCメディアハウス
『30日で英語が話せるマルチリンガルメソッド』新条正恵著／かんき出版
『ビジョナリー・カンパニー』ジム・コリンズ、ジェリー・I・ポラス著、山岡洋一翻訳／日経BP社
『START INNOVATION！with this visual toolkit.〔スタート・イノベーション！〕』ハイス・ファン・ウルフェン著、小山龍介、山口博志、上原哲郎、田川欣哉監修、高崎拓哉翻訳／ビー・エヌ・エヌ新社
『巨大な夢をかなえる方法 世界を変えた12人の卒業式スピーチ』ジェフ・ベゾス、ディック・コストロ、トム・ハンクス、その他著／文藝春秋
『職業としての小説家』村上春樹著／スイッチパブリッシング
『Drop Into Genius』Paul R. Scheele著（e-Book）
『手塚治虫 壁を超える言葉』手塚治虫、松谷孝征著／かんき出版
『R・i・N（1）〜（13）』ハロルド作石著／講談社
『知の巨人 荻生徂徠伝』佐藤雅美著／角川書店
『孟嘗君①〜⑤』宮城谷昌光著／講談社
「Charlie Munger – USC Law Commencement Speech」
http://genius.com/Charlie-munger-usc-law-commencement-speech-annotated

〈著者紹介〉

渡邊康弘（わたなべ・やすひろ）

レゾナンスリーディング開発者。一般社団法人ビジネスモデルイノベーション協会理事。

青山学院大学経済学部卒。苦手だった読書を20歳のときに克服し、そこから学んだ知識で大学1年より、数々の事業の立ち上げに携わる。GMOインターネット、映画制作会社、人材ベンチャーなどを経て、神田昌典氏のパートナーとして株式会社ALMACREATIONSの経営に参画。日本最大級の読書会「リード・フォー・アクション」の立上げ・協会設立など数々のプロジェクトに携わった後、独立。現在、「一度学べば、1冊20分で読める」と評判のレゾナンスリーディングを広げる活動とともに、企業のコンサルティングや地域活性の取り組みを行っている。

さらに、年間500冊以上ビジネス洋書を読破し、ビジネス洋書マガジンの発行や、海外著者との交流会を催すなど、読書文化を広げる活動を行っている。

レゾナンスリーディング　http://www.resonancereading.com

1冊20分、読まずに「わかる！」すごい読書術

2016年6月1日　初版発行
2016年7月10日　第4刷発行

著　者　渡邊康弘
発行人　植木宣隆
発行所　株式会社 サンマーク出版
東京都新宿区高田馬場 2-16-11
(電)03-5272-3166
印　刷　中央精版印刷株式会社
製　本　村上製本所

ISBN978-4-7631-3547-6　C0030
ホームページ　http://www.sunmark.co.jp
携帯サイト　http://www.sunmark.jp

僕はこんなふうに「レゾナンスマップ」を書いている

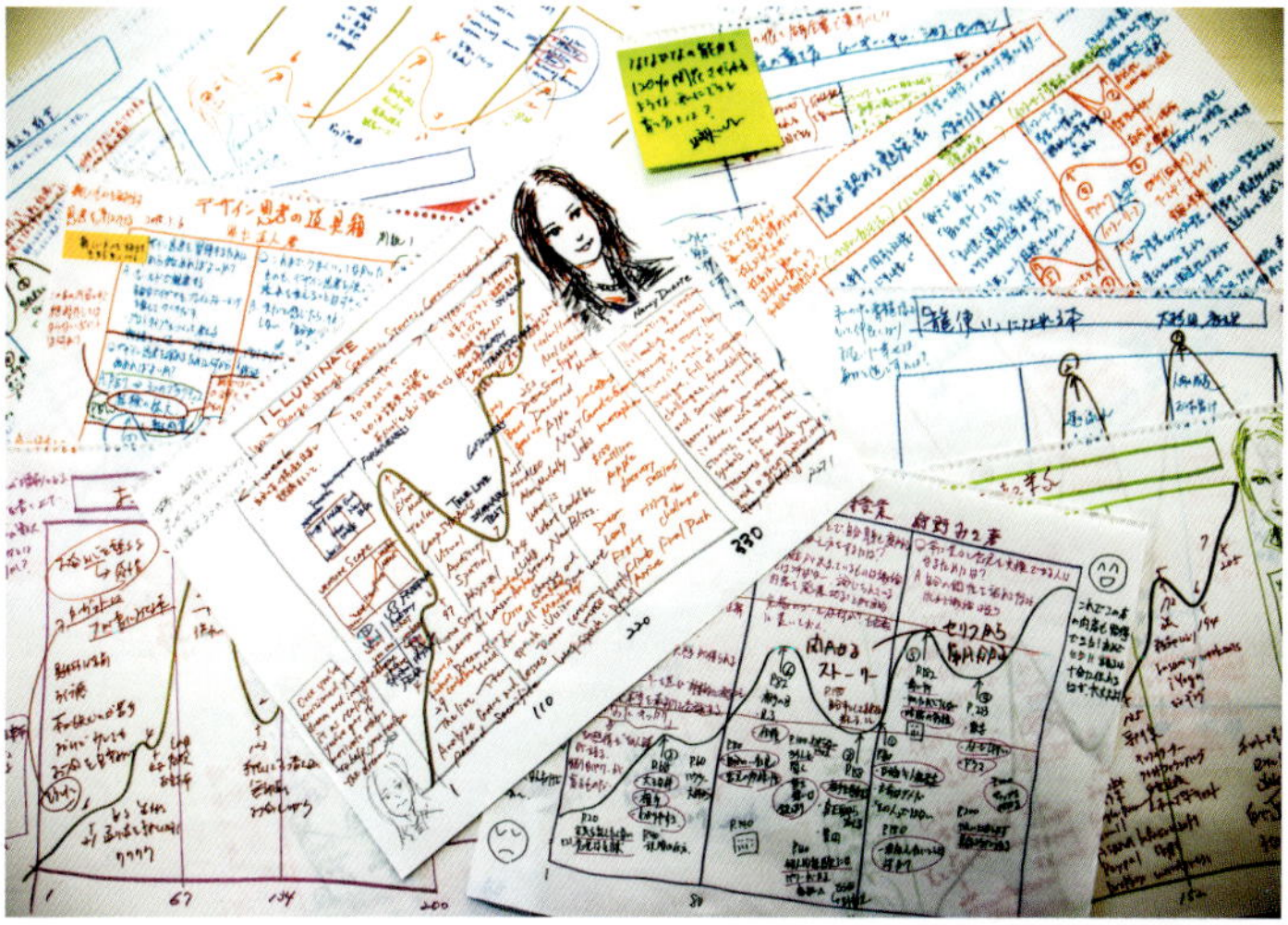

レゾナンスリーディングの講座では、この「クロッキーノート」と「アーツイン」の12色のペンを推奨しています。紙の質感とペンのインクの出がよく、これらの２つのセットの相性が絶妙なのです。レゾナンスマップは、そのときの気分に従って、色を使い分けるのをおすすめしています。

僕の場合、気合いを入れて読みたいときは、**①のように著者のイラストをリアルに書くこと**があります。また、**②のように著者の似顔絵やメッセージ、行動計画を省略**して、シンプルに本の内容のみつかむときもあります。

①『ILLUMINATE』Nancy Duarte著（Portfolio）

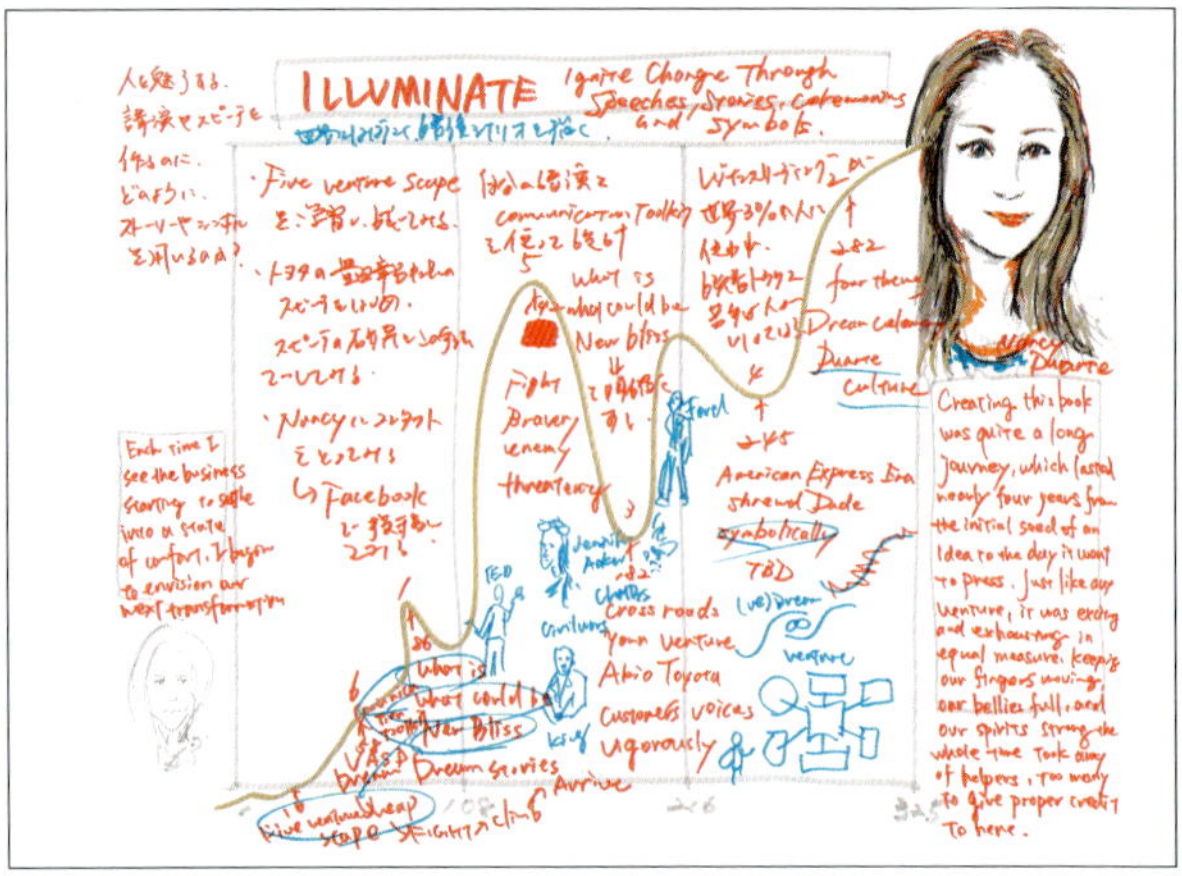

②『一冊の手帳で夢は必ずかなう』熊谷正寿著（かんき出版）

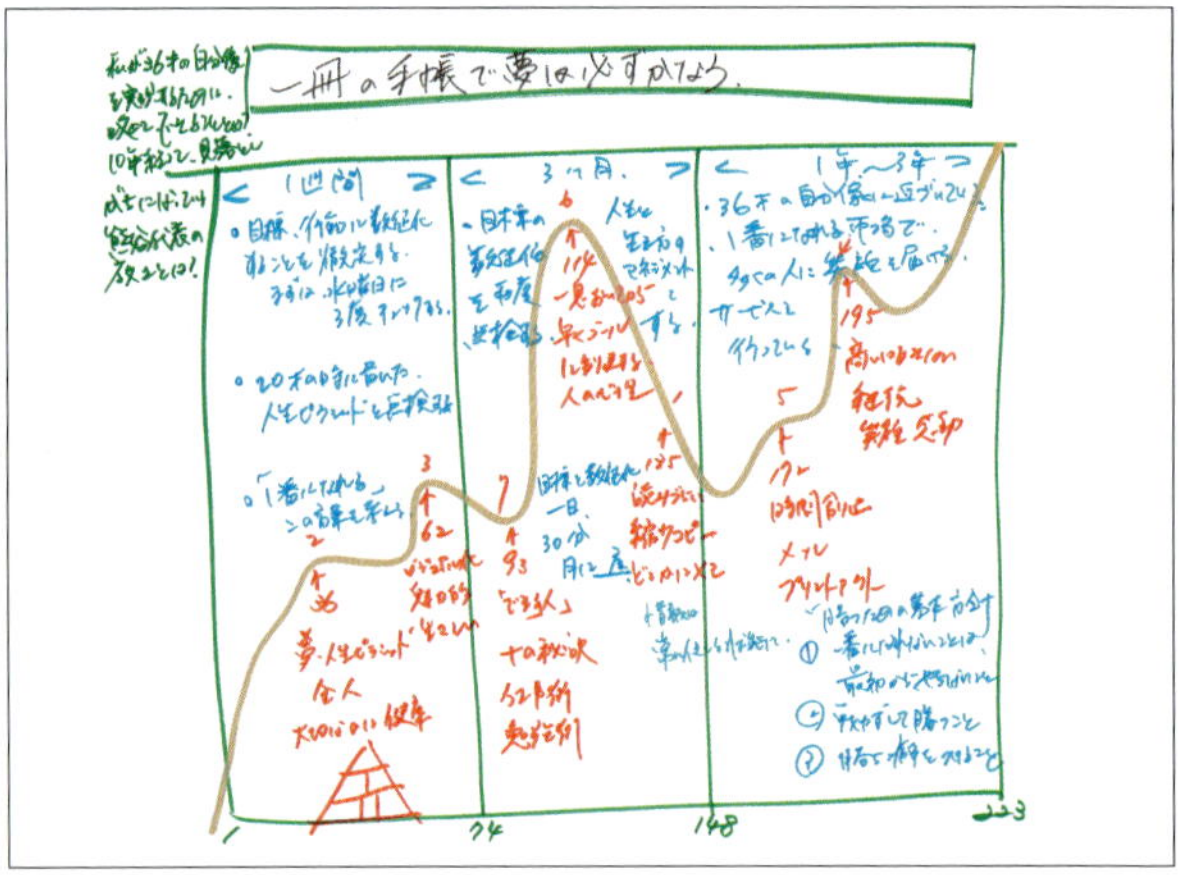

エッセイや小説もレゾナンスリーディングをすることが可能です。③はエッセイ、④は小説です。④の著者イラスト部分は、小説の主人公の似顔絵を描きました。

③『職業としての小説家』村上春樹著（スイッチパブリッシング）

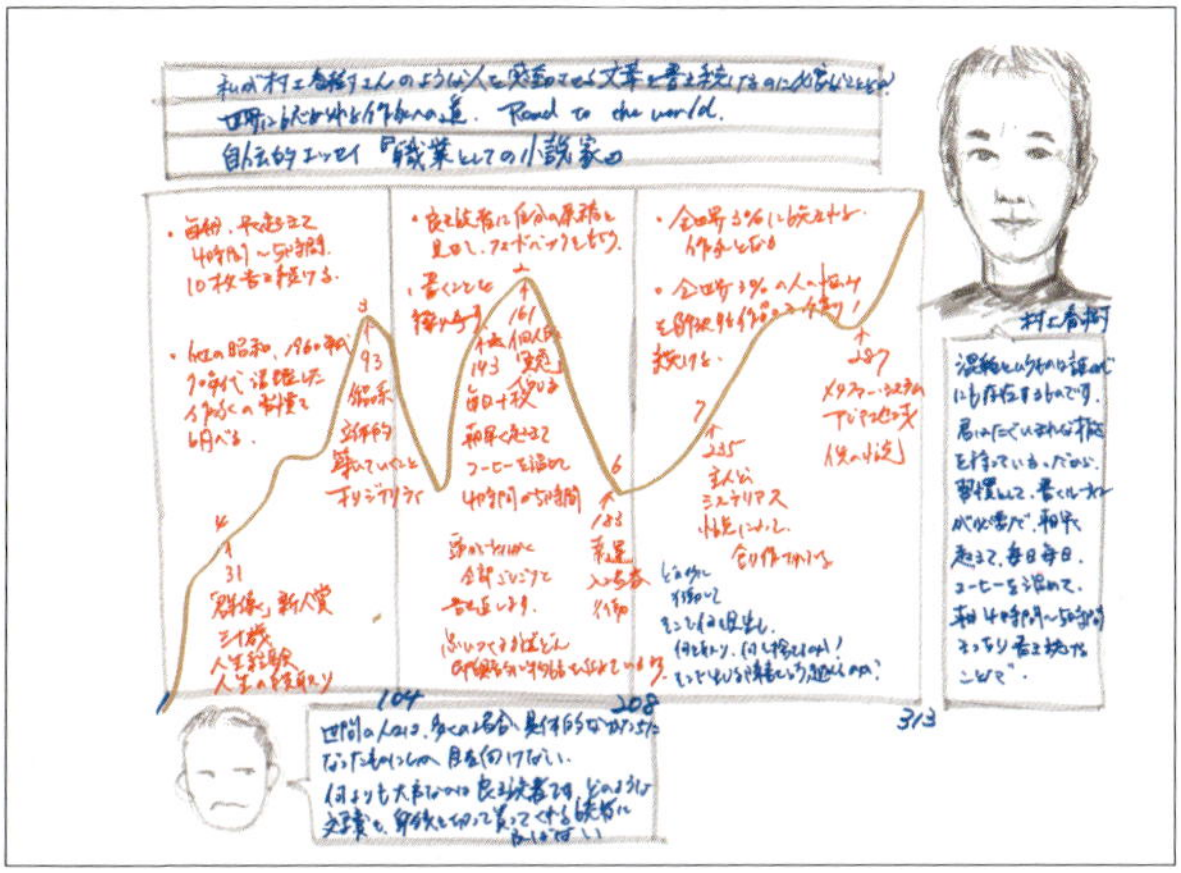

④『臆病な僕でも勇者になれた七つの教え』旺季志ずか著（サンマーク出版）

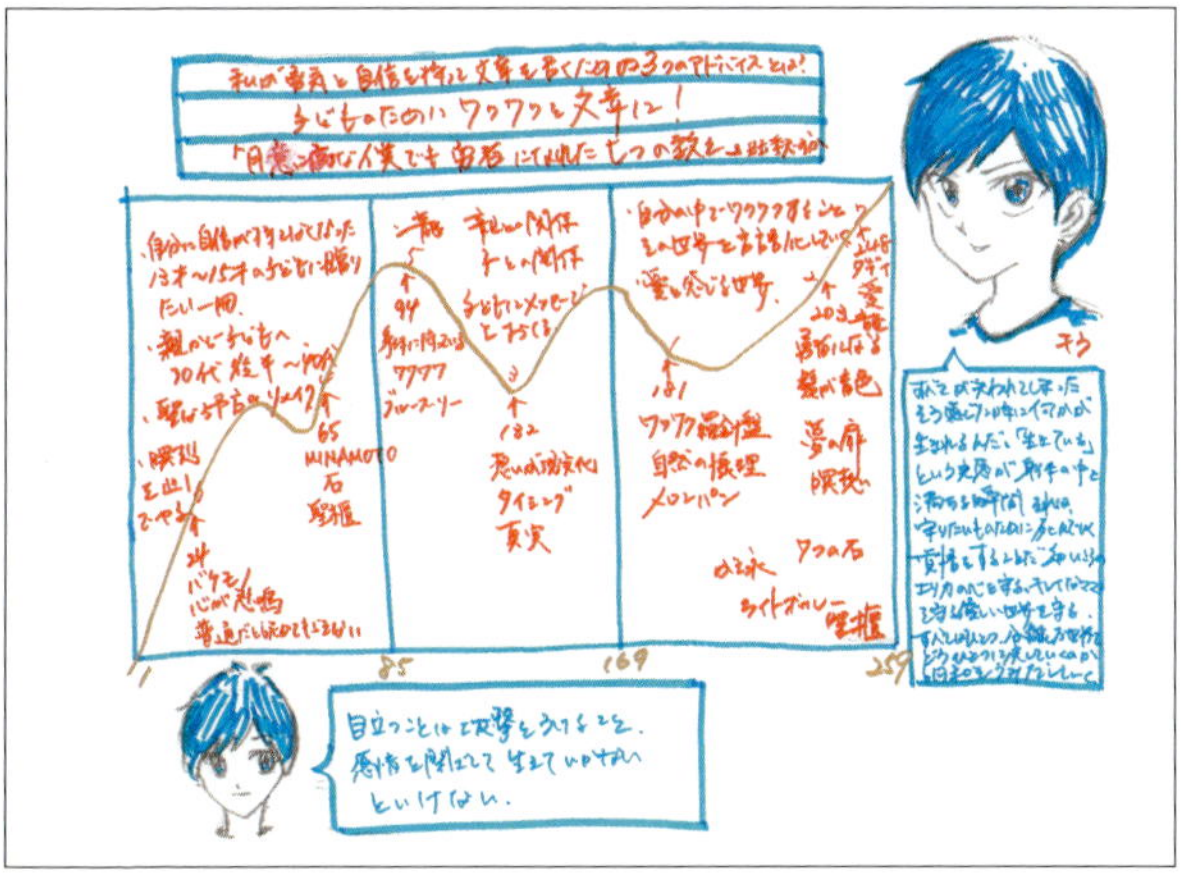

洋書も電子書籍もレゾナンスリーディングで読めます。まったく英語のできなかった僕ですが、いまでは年間500冊以上洋書を読んでいます。そのうちの7割は電子書籍です。

⑤『John D. Rockefeller on Making Money』John D. Rockefeller著（Skyhorse Publishing）

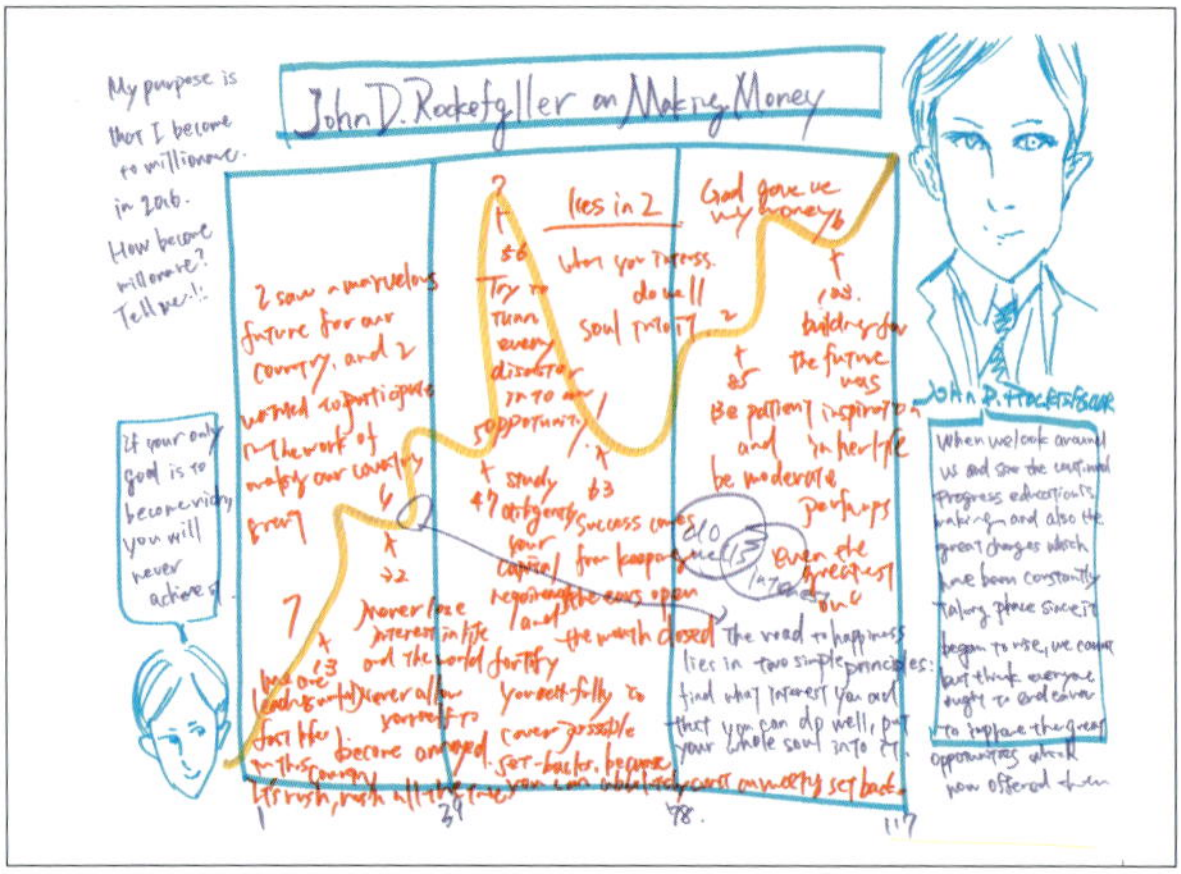

⑥『Born for This』Chris Guillebeau著（Crown Business）

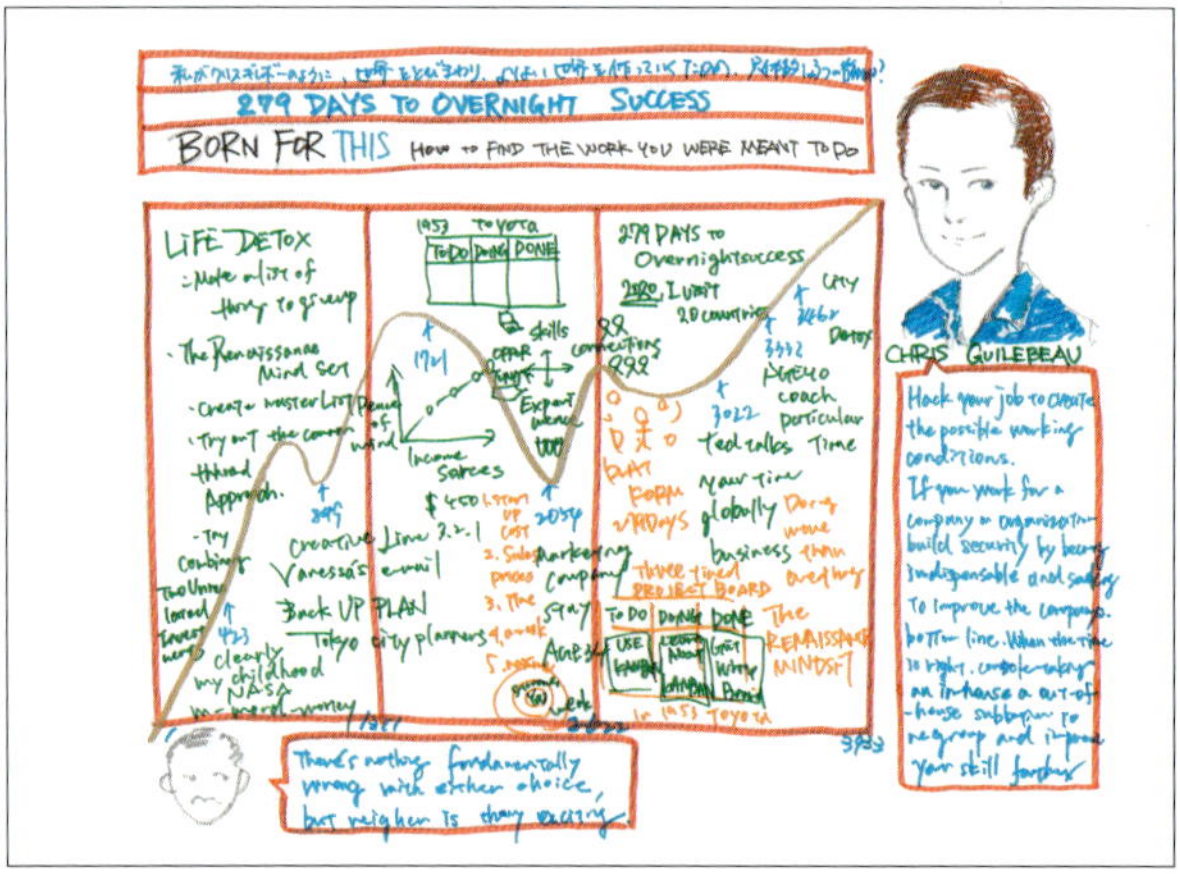

目　的	
行動計画タイトル	
書籍名